40 ans d'égarements économiques

Jacques de Larosière

40 ans d'égarements économiques

Quelques idées pour en sortir

Odile Jacob

Odile Jacob, JANVIER 2021
15, rue Soufflot, 75005 Paris

www.odilejacob.fr

ISBN : 978-2-7381-5258-9

« L'histoire de l'entre-deux-guerres suggère que la structure économique de la France protège ce pays, à un degré inhabituel, de l'influence des fluctuations de l'économie mondiale. Les principales difficultés de la France sont, traditionnellement, le résultat de faiblesses intérieures plutôt que de chocs extérieurs. L'analyse de la situation présente de la France semble révéler que les principaux dangers qui menacent la stabilité de ce pays sont, une fois de plus, d'origine interne plutôt qu'externe. »

Robert TRIFFIN
(octobre 1946 : « Mémorandum
pour le Fonds monétaire international » ;
cité par Ivo Maes dans sa biographie
de Robert Triffin à paraître).

Préface

Pourquoi ce livre est-il plus actuel que jamais ?

Cet essai a pour ambition de comprendre comment notre pays s'est laissé glisser, depuis une quarantaine d'années, au bas des classements internationaux pour ce qui est des performances économiques. Nous nous sommes profondément désindustrialisés tout en augmentant massivement l'appareil d'État, la dépense et les prélèvements publics.

La crise du coronavirus est à la fois un signe et un facteur aggravant de ce handicap français.

Un signe : parce que notre système médical et hospitalier, dont nous nous plaisions à vanter les mérites inégalés dans le monde, fussent-ils coûteux, s'est révélé moins efficace, moins réactif, moins préventif (notamment en matière de tests de dépistage, de capacités hospitalières de réanimation et de coopération avec les médecins de ville et les cliniques privées) que celui de pays comparables comme l'Allemagne en particulier.

Un facteur aggravant : les aides et subventions entraînées par les décisions prises sur le confinement de la population et la mise en arrêt d'une grande partie de l'économie, vont aggraver considérablement le déficit budgétaire et notre taux d'endettement public qui avaient déjà atteint, avant la crise actuelle, des niveaux de grande vulnérabilité.

Alors, ne nous méprenons pas.

La crise va nous affaiblir, comme elle affaiblira tous les pays qui la subissent. Mais, partant d'une base fragile, notre récupération sera d'autant plus difficile.

Croire que nous pourrons, impunément, reprendre notre train-train habituel en conservant nos mauvaises habitudes en matière de laxisme et d'inefficacité budgétaire, de résistance à des réformes structurelles acceptées partout ailleurs... procède d'une grave illusion.

La réponse à la crise par la dépense publique se justifie dans l'urgence. Mais elle a un coût à terme que les gouvernants ont tendance à faire oublier. On a la tentation de dire, et parfois de penser, que les très bas taux d'intérêt « arrangeront tout », puisque le service des emprunts d'État ne coûte plus rien.

Mais cette fuite en avant dans la monétisation systématique et indéfinie n'est pas sans lourdes conséquences : l'inflation à moyen terme, la perte de confiance dans la monnaie, l'aggravation de la pression fiscale et la préférence des épargnants pour la liquidité au détriment de l'investissement productif, sont les issues habituelles d'une création monétaire illimitée. Faire croire que personne ne paiera jamais l'addition est un leurre dangereux.

Ce livre, écrit avant la crise, mais actualisé à la fin de chaque chapitre en fonction des chiffres connus aujourd'hui, montre combien le traitement des aspects structurels de notre déclin est essentiel pour notre avenir et celui de nos enfants. Tous les pays frappés par la pandémie vont entrer en convalescence, mais certains doivent aussi se préoccuper de leur état chronique antérieur.

Nous vivions dans l'illusion que, malgré nos déficiences, nous finissions toujours par nous en sortir et que, par mauvais temps, nous étions mieux protégés que les autres par un système social efficace.

L'histoire récente ne corrobore pas cette vue des choses. Les pays qui se sont attachés à maîtriser leurs dépenses publiques et leurs soldes budgétaires apparaissent comme les gagnants : ils ont plus de marges pour réagir et s'apprêtent à conquérir de nouveaux marchés et à reprendre leur croissance. En revanche, les pays qui se sont habitués à la facilité, au keynésianisme mal compris, en prétendant que c'était « socialement juste », tout en dissimulant le coût social lié à l'insuffisance des réformes de structure, pourtant seules à même de faire repartir l'économie, se révèlent les perdants en matière de pouvoir d'achat et d'emploi.

Nous traversons une crise sans précédent : la course commence déjà vers l'accélération du progrès numérique, vers la transition énergétique, vers la prévention des futures pandémies, vers une Union européenne qu'il faudra rendre plus consciente des réalités du monde et plus vigilante sur la compétitivité d'une région tragiquement absente – pour la première fois de l'histoire – de la présente révolution industrielle…

Ces défis sont exaltants. Mais peut-on croire que nous pourrons les affronter en laissant inchangé notre modèle ? Sans prospérité et capacité d'investir comment renverser le processus de désindustrialisation décrit dans cet essai ?

Nous nous étions habitués, avec une complaisance inouïe, à cumuler trois records : poids du déficit budgétaire, poids de la dépense publique, poids des prélèvements obligatoires.

Comment croire une seconde que nous pouvons entrer dans ce « nouveau monde » en conservant – voire en aggravant – ces handicaps ?

Avant-propos

Ce livre est né d'une interrogation lancinante.

Comment se fait-il que la France – pays doté d'immenses atouts, nation de haute culture, patrie de grands génies scientifiques, un des phares de la pensée universelle – soit, en général, si mal placée aujourd'hui dans les classements internationaux concernant la performance économique et l'éducation ?

D'où vient ce contraste ?

« France, mère des arts, des armes et des lois », disait Du Bellay avec un orgueil déjà mêlé d'inquiétude.

Nous avons été habitués à regarder la France comme celle du Roi-Soleil, celle des Lumières, celle de Napoléon, celle de l'empire colonial, bref avec des yeux « politiques ». Notre prééminence a été longtemps inégalée du point de vue démographique, diplomatique, culturel et linguistique. Cependant, la France a commencé à perdre de son poids relatif au XIXe siècle, phénomène qui s'accentuera plus tard avec la montée en puissance des États-Unis.

Mais derrière cette puissance politique à laquelle nous avions fini par nous habituer, l'économie suivait-elle ?

L'Angleterre nous a précédés et surpassés dès le XVIIe siècle sur les chemins de la banque, des marchés financiers, du commerce extérieur, de l'innovation technologique, de la liberté d'entreprise, de la mobilité sociale.

Quant à l'Allemagne de Bismarck, elle a connu au XIXe siècle une poussée de progrès technologiques et d'industrialisation, mais aussi une capacité à accompagner sa révolution économique d'un système social adapté et « coopératif ».

L'ambition de ce livre est de comprendre pourquoi la France a manqué un certain nombre de « tournants » qui ont permis à d'autres de nous dépasser en matière d'efficacité.

On tentera de décrire les « décalages » français. Pour cela, nous avons exploité les sources statistiques disponibles et, en particulier, celles de l'OCDE[1], organisme dédié à l'analyse des forces et des faiblesses structurelles des pays qui composent la communauté internationale.

Seule, en effet, une meilleure et plus sereine compréhension de ce « décalage » (et de ses origines) permettra de suggérer des réformes et des actions de redressement indispensables pour faire regagner à notre pays les performances qui nous permettront de « tenir notre rang » et de ne pas sombrer davantage dans la désindustrialisation et le déclin.

Cet essai a l'ambition de montrer l'ampleur de nos retards et de suggérer la manière de les combler afin de mettre à profit

1. Voir *Études économiques de l'OCDE : France*, 2019.

**notre avantage démographique qui,
à condition que l'on n'y mette pas
de nouveaux obstacles, pourrait bien être
à l'origine d'un « miracle » français.**

*

Le lecteur ne trouvera pas dans cet ouvrage une description exhaustive de nos insuffisances.

Les chapitres sont courts et centrés sur ce qui nous a paru essentiel. Ce livre n'est pas un traité, mais un essai.

*

Que madame Odile Jacob, messieurs Didier Cahen, Ivo Maes et mon fils Henri de Larosière trouvent ici l'expression des remerciements qu'appellent leur lecture méthodique et leurs conseils avisés.

CHAPITRE I

Une vue en perspective

Les chapitres qui vont suivre visent à offrir une description des principaux « retards français ». Chacun s'efforce de plonger dans la réalité – souvent complexe – des situations.

Ces chapitres sont, par nature, particuliers. Ils suivent la chronologie (parfois tardive) la plus proche des phénomènes évoqués.

Mais il convient, au préalable, d'offrir au lecteur une vue plus longue et plus synthétique de l'ensemble des évolutions en cause.

Tel est l'objet de ce chapitre introductif.

Il s'agit de reprendre les principaux handicaps évoqués dans ce livre, en les plaçant dans la perspective macroéconomique des quarante à cinquante dernières années (1975-2020) et en les comparant aux évolutions constatées chez nos voisins européens.

Cette méthode présente l'avantage de déceler, assez tôt, les points de rupture ou d'inflexion et de mesurer les conséquences – souvent très lentes – des erreurs ou des choix discutables en matière de politique économique.

*

Considérons quelques-unes des grandes questions structurelles qui se posent à la France :

La croissance du produit intérieur brut français a décroché par rapport à la moyenne de l'OCDE depuis quarante ans

C'est là l'indicateur le plus synthétique du « retard français ». Jetons un regard en arrière pour mesurer et comprendre ce qui s'est passé.

La croissance du PIB de la France a décroché, de façon plus marquée que chez ses voisins, depuis les crises pétrolières (1973-1979) et l'ouverture du commerce international liée à la mondialisation des années 1980.

1. Alors que le taux de croissance de la France avait été spectaculaire (moyenne annuelle de 5 % en termes réels) pendant les Trente Glorieuses (1945-1974), *les crises pétrolières ont contribué à réduire notre croissance depuis lors :*

- de 1973 à 1980 : croissance annuelle moyenne de 3 % ;
- de 1980 à 2000 : croissance annuelle moyenne de 2 % ;
- depuis 2000 : croissance annuelle moyenne de 1 %.

2. Les revenus par tête progressent désormais très lentement :

- de 1998 à 2008 : 1 % en France annuellement, contre 1,4 % pour la moyenne de l'OCDE. Cet écart est important et explique bien des tensions sociales et des problèmes ultérieurs.

3. La composition de notre PIB n'a pas privilégié la croissance future :

- de 1950 à 1970 la part de l'investissement augmente par rapport à celle de la consommation ;
- mais, de 1975 à la fin des années 1980, la part de l'investissement se stabilise alors que la dépense publique monte en régime ;
- de 1990 à 2005, nos exportations et notre excédent commercial soutiennent la croissance (années de « désinflation compétitive ») ;
- après 2005, notre excédent commercial disparaît (perte de compétitivité) et la croissance repose désormais sur le dynamisme de la demande intérieure ainsi que sur la progression continue des dépenses publiques de fonctionnement : cela au prix de l'accumulation de déficits budgétaires et extérieurs.

Le diagnostic

Au total, la France, au cours des quarante-cinq dernières années, a donc vu sa richesse nationale progresser moins vite que celle de la moyenne des pays de l'OCDE.

Alors que la position de la France se situait encore au-dessus de la moyenne en 1975, elle est maintenant en deçà de celle de la plupart des grands pays développés (sauf l'Italie et l'Espagne).

En 1975, la France figurait au 5e rang mondial pour le niveau de vie par habitant après les États-Unis, la Suisse, le Luxembourg et la Suède. Aujourd'hui, elle est au 26e rang…

*

Il faut chercher les raisons de ce décrochage en commençant par la démographie, base de toute économie.

Pour ce qui est de la population en âge de travailler, notre démographie, qui comporte davantage de jeunes du fait de notre natalité plus dynamique que celle de nos voisins, « pénalise » temporairement nos performances économiques per capita (proportion d'actifs plus faible en termes relatifs). Mais ce phénomène statistique se renverse lorsque les jeunes accèdent au marché du travail.

Quant au taux d'activité, le déficit (pas assez d'actifs par rapport à la population en âge de travailler) est particulièrement prononcé en France comparé à l'Allemagne et aux pays du nord de l'Europe. L'insuffisance française est très nette en ce qui concerne les jeunes et les seniors, qui accèdent difficilement au travail dans notre pays.

La productivité joue aussi un rôle clé dans l'évolution de la croissance. Qu'en est-il en France ?

Beaucoup de préjugés ont occulté cette question. Si l'on constate une bonne productivité horaire en France, il est de fait que depuis le début des années 1990, cette productivité horaire ne parvient plus à compenser la diminution des heures travaillées du fait des 35 heures hebdomadaires, de la montée du chômage et de la précocité de l'âge de départ à la retraite par rapport à celui de nos voisins.

Ce sont là des choix et des problèmes de fond que nous rencontrerons tout au long de cet essai.

Le taux d'emploi continue d'être une source d'inquiétude

C'est une donnée fondamentale qui mesure le degré d'« employabilité » d'un pays. Le taux d'emploi[1] rapporte, en effet, le nombre de personnes ayant un emploi à la population totale des personnes en âge de travailler (les 15-64 ans).

On voit, sur le graphique 1, que le taux d'emploi en France a décliné sur la longue période, passant d'environ 66 % en 1975 à 63,9 % en 2012. On constate, certes, une remontée significative du taux d'emploi à partir de 2016. Ce taux a, en effet, atteint 65,5 % en 2018.

1. Le taux d'emploi rapporte le nombre d'individus ayant un emploi au nombre de personnes en âge de travailler (15 à 64 ans). Il complète utilement les statistiques sur le chômage, en ce sens qu'il englobe les personnes qui se situent hors de l'emploi bien qu'en âge de travailler. Le taux d'activité correspond au nombre d'actifs (occupés et chômeurs) rapporté à l'ensemble de la population en âge de travailler.

Mais il faut observer aussi (voir graphique 2) que le taux d'emploi a atteint 76,7 % en Allemagne en 2018 (et 73,2 % pour la moyenne de l'Union européenne), chiffres très supérieurs aux nôtres.

Sur la longue période, le taux d'emploi en France est donc resté à un niveau sensiblement inférieur à celui de ses voisins européens.

On verra plus loin combien l'insuffisance de la formation professionnelle, la faiblesse des qualifications, l'excès de charges pesant sur les entreprises et les imperfections de notre marché du travail contribuent à la faible insertion sociale que dénote cette inquiétante situation.

Graphique 1. Le taux d'emploi et d'activité en France en %

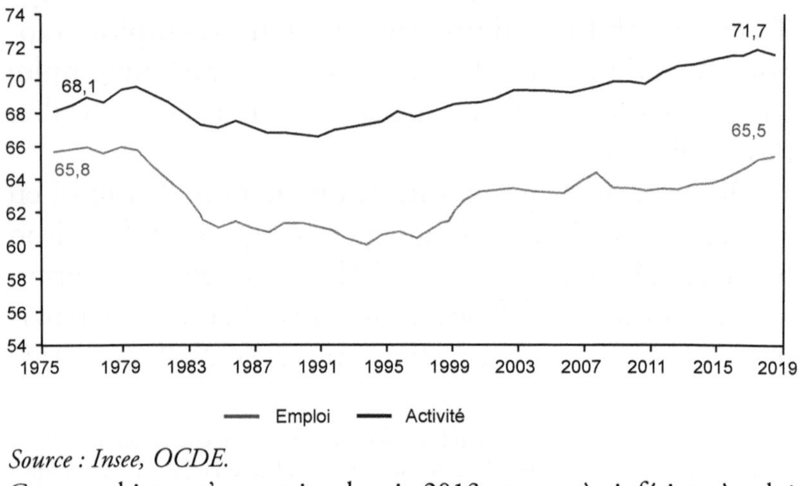

Source : Insee, OCDE.

Ce taux, bien qu'en reprise depuis 2013, reste très inférieur à celui de l'Allemagne (65,5 % contre 79 %) et même un peu inférieur à celui de l'UE (68,5 %).

Graphique 2. Le taux d'emploi et d'activité en Allemagne en %

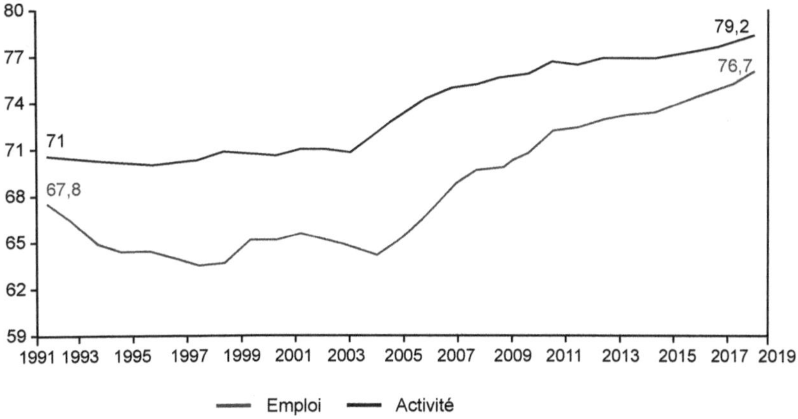

Source : OCDE, Destatis.

La balance commerciale française, malgré quelques bonnes années (1992-2005), s'enfonce dans le déficit depuis 2006

La balance commerciale donne en général une bonne indication sur la compétitivité d'un pays.

On voit, sur le graphique 3, que la France n'a pas toujours été vouée au déficit : de 1992 à 2005, notre excédent commercial annuel a oscillé entre 1 à 3 % du PIB, ce qui traduisait une compétitivité satisfaisante. Elle faisait suite à des années de déficits et d'équilibre épisodiques entre 1965 et 1990. Mais depuis la moitié des années 2000, nous nous enfonçons dans le déficit (autour de 1 % du PIB chaque année), ce qui dénote, en dépit de la multiplicité des facteurs en cause et notamment du prix du pétrole… un problème de manque de compétitivité structurelle. Nous y reviendrons plus tard. En 2019, notre déficit commercial s'élevait à près de 60 milliards d'euros.

Si l'on retient le concept, plus large, de la balance des paiements courants – qui comprend, outre la balance commerciale, celle des services, des revenus et des transferts courants –, on voit (graphique 4) que la France est passée d'une situation de relatif équilibre (années 1975-1990) et de surplus (années 1990 à 2005) à un déficit structurel à partir de 2005, alors que l'Allemagne accumulait des excédents, du reste, excessifs.

Graphique 3. La balance commerciale française est déficitaire depuis quinze ans

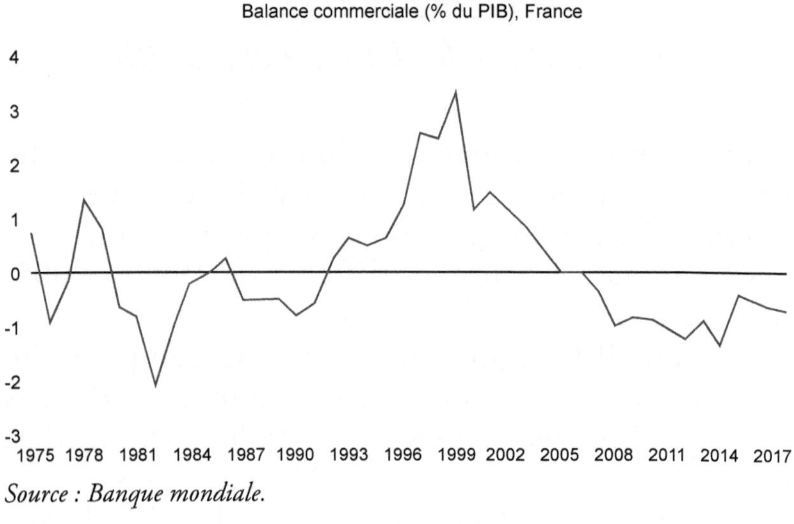

Source : Banque mondiale.

Cette situation de déficits permanents caractérise les pays où la consommation intérieure prédomine par rapport à la capacité de financement extérieure.

Demeurer continûment en déficit courant (même à hauteur de 1 à 2 % du PIB par an, comme c'est notre cas) dénote l'existence d'un « déséquilibre fondamental » au sens du FMI.

Graphique 4. L'évolution de la balance des paiements courants en France et en Allemagne (par rapport au PIB)

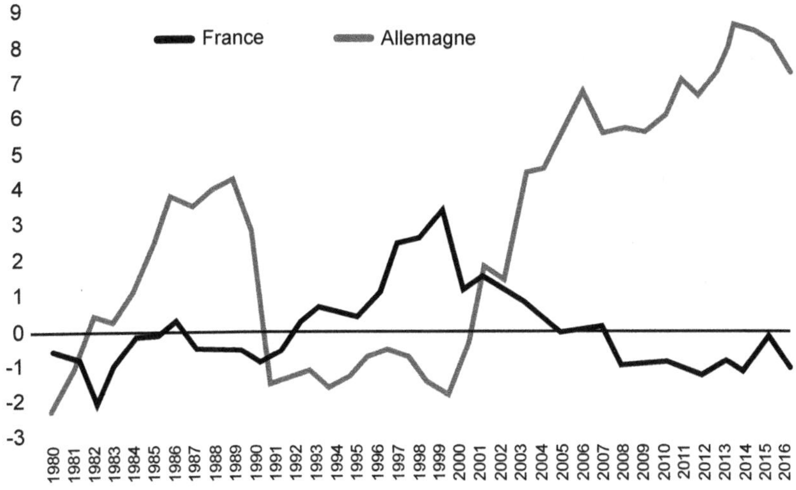

Les courbes s'écartent après 2000 : France en déficit, Allemagne en trop fort excédent.

L'endettement public français s'est continûment aggravé depuis la fin des années 1970

Voir graphique 5.

Graphique 5. La dette publique française continue à croître jusqu'à dépasser 100 % du PIB en 2019

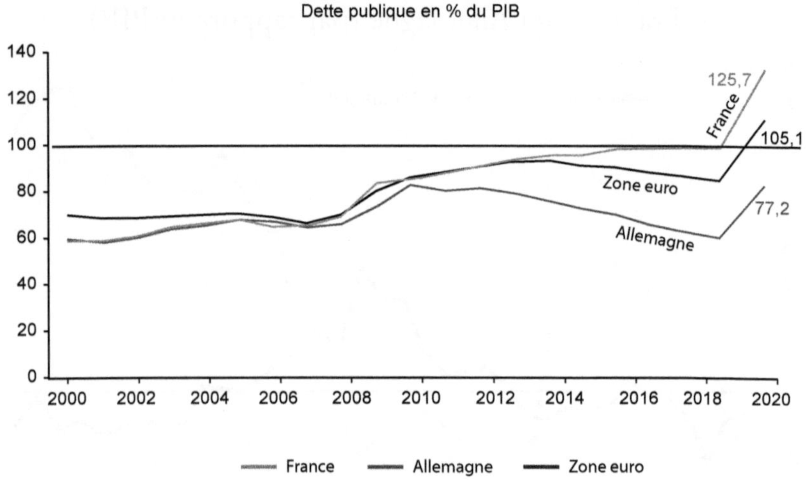

Source : Eurostat, FMI (prévisions 2020).

La dette publique allemande est aussi montée en régime mais a plafonné en 2010 et s'est réduite constamment depuis pour atteindre 60 % du PIB avant la crise du coronavirus.

Les chiffres pour 2020 sont des estimations du printemps ; ils sont sujets à corrections : le 1er octobre 2020, l'estimation de l'Insee pour la France était de 117,5 % du PIB pour 2020.

On verra plus loin combien cette montée inexorable de notre dette publique (nourrie par la hausse continue de la dépense publique) a contribué à surcharger le taux des prélèvements obligatoires et donc à miner la compétitivité de notre économie.

Aggravation de la dette publique et détérioration de l'économie sont allées de pair, contrairement à une croyance keynésienne mal comprise.

Le graphique 6 montre à quel point *les taux de marge des entreprises non financières* se sont dégradés

Graphique 6. Les marges bénéficiaires de nos entreprises sont trop faibles

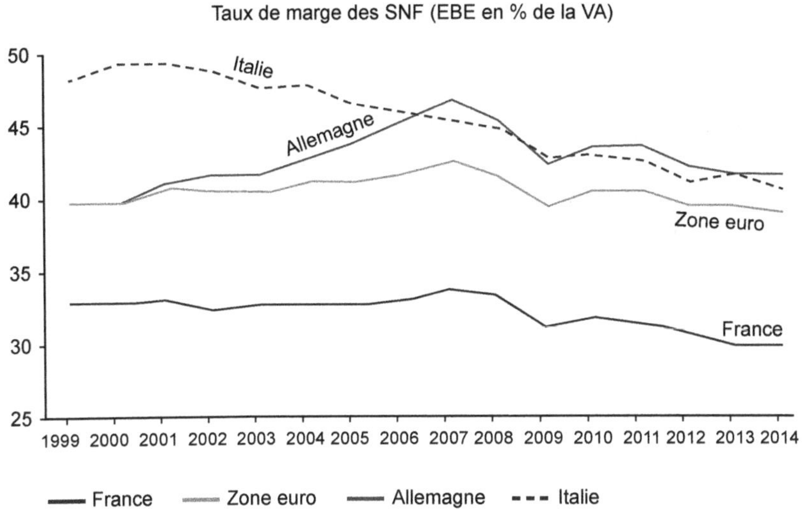

Source : Eurostat.

Niveau historiquement bas du taux de marge des sociétés non financières en France et notablement plus bas qu'ailleurs dans la zone euro.

en France et sont restés historiquement bas sur la longue période (autour de 30 %), alors que les entreprises allemandes dépassaient 40 %. Le modèle de société apparaît ici : en France on privilégie la consommation des ménages et un système social généreux – financé par les entreprises. En Allemagne on préserve la capacité de financement des entreprises pour l'investissement.

*

Que tirer de ce survol historique ?

Quelques constatations :

1. Notre situation économique relativement équilibrée – avec des hauts et des bas – entre 1975 et la fin des années 1980, *s'est dégradée depuis*, et encore plus dramatiquement depuis la crise financière de 2007-2008. Nous nous sommes appauvris en termes relatifs.

2. Mais les points d'inflexion mettent du temps à produire tous leurs effets. Ainsi, la préférence, effective depuis 1982, en faveur de la consommation domestique, des loisirs, de l'augmentation des congés payés, de la retraite à 60 ans (contre toute logique démographique), de la réduction du temps de travail… a fini par porter ses « fruits » à partir des années 2000 lorsque notre compétitivité a commencé à se dégrader. Ce temps de gestation a coïncidé, du reste, avec une modération des déficits budgétaires et la montée des excédents extérieurs pendant les années Bérégovoy.

3. Depuis le début des années 1980, on assiste à deux phénomènes difficiles à concilier :

– des « orientations nationales » en contradiction avec le libéralisme mondialisé (politique de nationalisations de Pierre Mauroy, réduction du temps de travail, départ à la retraite à 60 ans…) ;
– et, en même temps, par contraste, la libéralisation des prix et des changes, la concurrence du marché unique européen, l'ouverture de notre système financier et commercial aux marchés internationaux.

4. Au cours des années 2000-2005, on constate une disparition ou un affaiblissement des « forces de rappel ». Ainsi, le Pacte européen de stabilité se dissout sous les coups portés par la France et l'Allemagne.

Et après l'instauration de la BCE en 1999, l'aisance monétaire (taux d'intérêt de plus en plus bas, voire négatifs en termes réels) a fini, avec la crise de 2008, par anesthésier les politiques budgétaires en rendant l'endettement indolore. D'où l'extrême financiarisation du système qui a facilité notre goût pour la consommation et l'emprunt au détriment de l'investissement et de la réforme.

Les chapitres suivants détailleront ces processus.

Pourquoi la récession française induite par la crise du coronavirus est-elle une des plus fortes au monde ?

Le FMI, dans ses projections d'octobre 2020, prévoit que la contraction du PIB de la France en 2020 se situerait à – 9,8 % (suivie en 2021 d'un rebond de + 6 %).

Cette contraction serait, avec celle de l'Italie, de l'Espagne et du Royaume-Uni, une des plus fortes au monde.

En revanche, pour l'Allemagne et les États-Unis, les prévisions sont nettement moins défavorables : respectivement – 6 % et – 4,3 %.

Pour le monde, on aurait une contraction de – 4,4 %.

Ce résultat global tient aux relativement bonnes performances des pays émergents (– 3,3 %) dont la Chine (+ 1,9 %).

On sait que la France abordait la crise du coronavirus en position de faiblesse avec une croissance économique plus modérée que celle de la plupart de nos partenaires industrialisés et une dette plus importante.

Le chapitre I montre comment notre courbe de croissance s'inscrit dans une longue trajectoire de « décrochage » depuis les années 1980.

Avec un taux d'industrialisation qui a fondu depuis vingt ans (de 17 à 13 % de notre PIB) et une dégradation continue des marges bénéficiaires de nos entreprises (chargées de prélèvements obligatoires records), la France souffre d'un handicap sérieux.

Le choc induit par la pandémie et par le confinement rigoureux de notre population au début de 2020 accuse encore la vulnérabilité de notre tissu économique.

Raison de plus de s'attaquer à ces faiblesses structurelles et de mettre en œuvre les recommandations – plus actuelles que jamais – du présent essai.

CHAPITRE II

La démographie : une toile de fond explicative et changeante

Pour simplifier les choses, on peut dire que la France était, de loin, le pays le plus peuplé d'Europe et le plus dynamique par sa natalité jusqu'à la moitié du XVIIIe siècle.

Sa population était quatre fois plus abondante que celle du Royaume-Uni en 1750 (25 millions d'habitants contre 6). C'était, aussi, une population jeune et dont la natalité était élevée (41 % des Français avaient moins de 20 ans).

Mais les choses allaient profondément changer à partir de la seconde moitié du XVIIIe siècle.

La France allait entamer, la première, ce que l'on appelle la « transition démographique », c'est-à-dire une réduction volontaire de sa natalité. Les autres grands pays d'Europe (Royaume-Uni, Allemagne) mettront beaucoup plus de temps à prendre ce chemin.

Ce déphasage explique que la France ait perdu sa prééminence démographique traditionnelle au XIXe siècle au profit de ses deux grands voisins, qui l'ont rattrapée, puis dépassée, avec une rapidité surprenante.

Le tableau suivant est, à cet égard, éloquent.

Population (en millions d'habitants)			
Années	*France*	*Allemagne*	*Royaume-Uni (avec Irlande)*
1815	30	23,5	17,2
1914	40	68	46
1946	40,5	60	58
2010	64	82[(1)]	66

(1) Ce chiffre s'explique par la réunification de 1990-1991 (20 millions d'habitants de l'Allemagne de l'Est rejoignent la RFA).

Ces données montrent que, depuis le début du XIXe siècle, la France a perdu sa supériorité démographique au profit de l'Allemagne et du Royaume-Uni qui triplent presque leur population de 1815 à 1914, alors que la France ne faisait que l'augmenter d'un tiers.

Que s'est-il donc passé ?

En s'abstrayant de l'influence des conflits européens (pertes humaines, suivies de rattrapages, changements de limites territoriales), on peut dégager les tendances suivantes :

• Comme on l'a dit, la France a été la première à s'engager, dès la seconde moitié du XVIIIe siècle, dans la réduction, volontaire, de sa natalité.

• L'Allemagne et le Royaume-Uni, avec une rapidité remarquable, ont, au cours du XIXe siècle, dépassé la France en chiffres de population.

• Mais la « révolution démographique » (réduction de la fécondité et de la mortalité) a fini, avec un retard marqué, par atteindre nos deux voisins.

• Si bien que, au début du XXIe siècle, les données avaient profondément changé : l'Allemagne et le Royaume-Uni ne renouvellent plus leur population, alors que la France conserve une natalité positive. Elle a, de 1946 à 2010, augmenté sa population globale de plus de 50 %[1], alors que les pourcentages respectifs sont seulement de l'ordre de 4 % (sans l'effet réunification) et de 13 % pour l'Allemagne et le Royaume-Uni.

• Quant au Japon, dont le taux de natalité est particulièrement bas, sa population, aujourd'hui de 127 millions, pourrait bien descendre à 90 millions en 2060 et à 60 millions en 2100.

Cette histoire est donc contrastée :

Après une faiblesse manifeste au XIXe siècle, notre pays connaît un plus grand dynamisme démographique depuis la fin de la Seconde Guerre mondiale.

« Tandis que la population totale de l'Allemagne culmine à 82,5 millions en 2005 puis recule ensuite d'année en année, celle de la France métropolitaine augmente de façon régulière depuis 1945 pour dépasser les 64 millions en 2009[2]. »

---

1. On croit souvent que c'est l'immigration qui explique la croissance démographique française. Or ce n'est pas le cas : les trois quarts de cette croissance viennent du mouvement naturel de la population et seulement un quart de l'immigration.
2. Voir l'article de M. Michel Hubert : « Évolution comparée du mouvement naturel en France et en Allemagne du Congrès de Vienne jusqu'à nos jours », *in* Serge Gouazé, Cécile Prat-Erkert et Anne Salles, *Les Enjeux démographiques en France et en Allemagne : réalités et conséquences*, Septentrion, 2011.

Les deux pays pourraient, si ces évolutions persistaient, retrouver en 2040 ou 2050 des potentiels démographiques similaires, proches de 70 millions.

Le taux de fécondité de la France est autour de 2 et en Allemagne à 1,5[3].

Deux siècles d'évolutions contrastées pourraient donc bien avoir mené à une égalité démographique entre les deux pays.

*

L'importance de la démographie en matière de croissance économique ne saurait être surestimée.

Il est clair que la brusque « remontée allemande » de 1815 à la guerre de 1914 a eu des effets économiques et politiques majeurs. Elle a favorisé dans la société germanique une période de changements, d'innovations industrielles et sociales qui ont contribué à forger « l'économie sociale de marché[4] » d'outre-Rhin. Et cela au moment même où la France – vaincue en 1870 – déclinait, en termes relatifs, pendant près d'un siècle du point de vue démographique.

Ces données devraient être présentes à l'esprit de ceux qui s'interrogent sur le « miracle allemand » qui, en fait, a précédé de beaucoup la fin de la Seconde Guerre mondiale.

---

3. Statistiques de la Banque mondiale, 2016.
4. L'économie sociale de marché est fondée sur l'idée que l'État doit maintenir la concurrence entre les entreprises (décentralisées). Cette thèse « ordolibérale » s'oppose au « laissez-faire », à la déréglementation systématique ou, à l'autre extrême, au capitalisme d'État.

À la France de tirer parti de cette meilleure et nouvelle donne démographique, en menant à bien les réformes nécessaires (coup d'arrêt aux dérives budgétaires, plus grande efficacité du marché intérieur...).

La France, qui était la première puissance démographique européenne en 1800, a été distancée par l'Allemagne et, à un moindre degré, par l'Angleterre au cours du XIXe siècle.

Mais, alors que la natalité en est venue à décliner chez nos deux grands voisins depuis la Seconde Guerre mondiale, elle se redresse et se maintient en France.

La destinée démographique a donc changé : notre pays voit croître sa population, alors que l'Allemagne et la Grande-Bretagne – ainsi que tous les autres pays européens – constatent un déclin alarmant de leur démographie.

Cependant, il ne suffit pas d'avoir une démographie positive pour réussir. Encore faut-il que les fondements économiques et sociaux soient sains et solides.

CHAPITRE III

L'éducation : le lancinant problème

C'est une évidence que de rappeler l'importance primordiale de l'éducation en matière économique. Tout en dépend : la recherche, l'emploi, les qualifications professionnelles, les gammes de production, les gains de productivité, la compétitivité, la capacité de l'économie à réagir aux opportunités...

De ce point de vue, il est banal, mais juste, de souligner que l'éducation est le véritable levier qui permet à une société de s'épanouir et de prospérer.

En ce qui concerne les moyens financiers consacrés à l'Éducation nationale, la France est assez bien placée : avec des ressources représentant 6,3 % du PIB, notre pays se situe à la moyenne de l'OCDE. Il est seulement devancé par les États-Unis, le Royaume-Uni, la Suède et la Finlande, mais il précède le plus grand nombre de pays, notamment en Europe.

Cependant, deux remarques viennent aussitôt à l'esprit :

• Les pays qui dépensent le plus pour l'éducation n'ont pas nécessairement les meilleurs résultats : c'est l'environnement familial et social, la manière d'enseigner et la qualité des méthodes et des programmes qui l'emportent sur l'argent (des pays comme la Corée du Sud ou Singapour sont plus efficaces que nous et bien moins dépensiers).

• Il faut aussi examiner comment les financements consacrés à l'éducation dans son ensemble se répartissent. Or c'est là que, chez nous, le bât blesse : *la France est bien placée pour le secondaire (3e rang) et l'enseignement supérieur (8e rang). En revanche, elle est beaucoup moins bien classée pour le primaire (16e rang) et pour le collège.*

Or ce sont dans ces deux dernières catégories que la France est en retard et devrait corriger le tir. C'est particulièrement vrai pour les maternelles et le primaire, véritables creusets des réussites (ou des échecs) futurs. Pour donner une idée du décalage, nous dépensions en 2015 moins de 8 000 dollars américains par élève et par an dans le préprimaire et le primaire, contre 12 000 à 13 000 pour la Suède et la Norvège.

Si nous voulons réduire les inégalités qui prospèrent aujourd'hui dans l'école française, c'est par les petites classes qu'il faut commencer : or c'est là que nous avons pris le plus grand retard[1].

1. Il faut mentionner ici les travaux de Boris Cyrulnik. Neuropsychiatre et spécialiste de la petite enfance, il a montré dans ses ouvrages combien les enjeux des toutes premières années étaient essentiels et combien il était important de préparer les enfants à la maternelle, qui a un rôle primordial à jouer dans la formation des futurs élèves (*Préparer les petits à la maternelle*, Odile Jacob, 2019, et l'enquête sur « Les premiers mille jours »).

Le système scolaire : des résultats médiocres

En dépit d'efforts financiers substantiels au niveau de l'Éducation nationale dans son ensemble, nos résultats et notre efficacité apparaissent médiocres.

Il est de bon ton de critiquer les classements internationaux : ils privilégieraient des modèles différents et notre système éducatif en serait donc la victime.

En réalité, un classement comme celui de PISA – *Program for International Student Assessment* – permet d'interroger 500 000 élèves de 15 ans tous les trois ans sur une base mondiale en cherchant à déterminer ce que ces jeunes ont retiré de leur enseignement en différents domaines clés.

La méthodologie peut être discutée, mais elle est objective, homogène, et a une vertu : elle tend à détecter sur un plan international comment les élèves sont capables de réagir face à un problème ou à une question en tirant parti de leurs connaissances. Et c'est là précisément ce que toute évaluation d'une action éducative devrait s'attacher à faire[2].

Or il faut bien reconnaître que les résultats dégagés par la France sont très médiocres.

Lors de la dernière enquête (axée sur les mathématiques et les sciences), la France se classe au 26ᵉ rang sur 70. Nous sommes devancés par toute une série de pays dont certains n'auraient pu être imaginés comme nos « concurrents » il y a trente ans : Singapour, le Japon, l'Estonie,

2. Dans l'enquête PISA on se préoccupe davantage de voir les élèves *mobiliser* des connaissances pour résoudre un problème plutôt que (penchant français) de *restituer* des savoirs appris.

la Finlande, le Canada, Hong Kong, la Corée du Sud, sans parler de l'Australie, du Royaume-Uni, de l'Allemagne, de la Suisse, de l'Irlande, du Danemark…

Ce classement a l'intérêt de mettre l'accent sur le nombre élevé d'élèves en France qui n'ont pas acquis à 15 ans la maîtrise élémentaire du langage, de l'écriture et du calcul.

Or tel est bien le problème lancinant de notre Éducation nationale.

Il est évident que la structure socio-économique de notre pays, et que l'influence exercée par l'existence de groupes d'origines diverses, et souvent encore peu assimilés à la collectivité nationale, est, en partie, à la source du problème suivant : « Comment assurer qu'une écrasante majorité d'élèves atteigne un niveau convenable de maîtrise des savoirs fondamentaux qui leur sont enseignés ? »

L'Éducation nationale est la première à affronter cette difficulté et on ne saurait évidemment la considérer comme seule responsable.

Mais il reste que 20 % environ de nos jeunes n'ont pas tiré de leurs neuf premières années d'enseignement le minimum de connaissances qui leur permettraient de bien s'insérer dans la société et le monde du travail.

Ce constat est rude et ne saurait être uniquement mis sur le compte de la société. En effet, il reflète aussi une insuffisance de réactivité de notre système éducatif et la persistance des inégalités sociales que l'école ne parvient pas à corriger.

Un chiffre à cet égard est significatif : les adultes dont les parents sont diplômés de l'enseignement supérieur ont 14 fois plus de chances de le devenir que des enfants de non diplômés. Et, corrélativement, seulement 17 % des adultes dont les parents n'ont pas de diplôme parviendront au second cycle (contre 73 % des adultes enfants de diplômés[3]).

Si l'école et notre société fabriquent 20 % d'inadaptés (voués au chômage ou à des carrières fragiles) et que les établissements scolaires ne font que répliquer et faire perdurer les inégalités existantes, on peut légitimement se poser la question : est-ce que notre système éducatif – et social – est à la hauteur des enjeux ? Et, sinon, comment peut-on le réformer ?

L'actuel ministre de l'Éducation nationale est un homme expérimenté et a de bonnes idées. Il a mis l'accent sur le préprimaire et le primaire (dédoublement de classes, formation accrue des personnels de crèches et des assistants en école maternelle, revalorisations salariales dans les REP – Réseaux d'éducation prioritaire...).

Ces mesures vont sans aucun doute dans la bonne direction. Il faut souligner, en effet, que si l'on veut réduire les inégalités (qui contribuent à amplifier les résultats médiocres en matière d'efficacité éducative), il faut intervenir à un stade précoce.

Il convient d'ajouter que l'incapacité pour beaucoup à maîtriser l'écriture élémentaire se double d'une grande difficulté à lire.

L'enquête PIRLS (Programme international de la recherche de lecture scolaire) est à cet égard tristement révélatrice.

3. La France est particulièrement mal placée dans le classement de l'OCDE concernant l'incidence des inégalités sur les performances des élèves en matières scientifiques. Avec la Hongrie, la France est le pays où l'inégalité joue le plus grand rôle (intensité de 20 %) alors que la moyenne OCDE est de 12,9 % et que les grands pays oscillent autour de 10 à 15 %.

La France figure en 34e position (sur 50 pays), loin derrière Singapour et la Russie par exemple. Dans ces deux derniers pays, un quart des élèves atteignent un niveau élevé de lecture (contre 4 % seulement pour la France).

On dira que c'est le résultat d'Internet, de la télévision, des vidéos, des tablettes…

Mais alors, pourquoi les Russes et Singapour tirent-ils leur épingle du jeu ?

Que devient un pays dont beaucoup d'enfants ne peuvent pas bien comprendre une notice, un article de journal, sans même évoquer la littérature, à laquelle un très grand nombre ne peut accéder alors qu'elle devrait être le socle commun de notre culture nationale ?

L'apprentissage

Nous nous efforçons de rattraper l'Allemagne et de développer les formations en alternance. La réforme adoptée en 2018 est, à cet égard, bienvenue.

L'Allemagne est, en ce domaine, *la* référence (elle a un taux de chômage des jeunes de 7 % contre 24 % en France).

Essayons donc de comprendre les raisons profondes du succès allemand

Outre-Rhin, la formation professionnelle est avant tout une formation *en entreprise*. L'apprentissage est suivi d'une formation continue. Il faut bien comprendre le caractère *dual* de l'éducation allemande. Distinct de l'enseignement général (en Allemagne, la part « théorique générale » enseignée à l'école professionnelle est très minoritaire et ne dépasse pas 10 % du temps), l'enseignement professionnel pratique est *décentralisé* au niveau des sociétés. L'apprentissage est donc le fait des entreprises, il a sa propre logique, sa propre organisation. Il prépare à des matières précises dont le référentiel est constamment mis à jour par les entreprises en fonction des besoins du marché du travail.

En Allemagne, les jeunes choisissent tôt la voie professionnelle. Mais c'est une voie d'excellence qui conduit à des emplois qualifiés. Ce n'est pas une voie de « repêchage ». Les entreprises financent plus de 90 % de ce système (contre 50 % en France), dont elles assurent, en liaison avec les syndicats, la bonne gouvernance.

En France, la partie « formation générale » de l'alternance reste encore trop souvent un enseignement – « en soi » – séparé de celui de l'entreprise, alors que le secret, en Allemagne, paraît être la symbiose de la formation générale – réduite – et de la formation professionnelle ainsi que l'étroite imbrication des personnels enseignants.

Le résultat est que le système allemand parvient à former systématiquement et avec succès les ouvriers très qualifiés qui deviendront les « maîtres » de leurs futurs apprentis. Pas de méfiance à l'égard de la formation professionnelle : celle-ci est, au contraire, objet de fierté et synonyme de réussite. Et l'Allemagne obtient une bonne adéquation entre savoirs dispensés et opportunités d'emplois, car ce sont les entreprises qui sont responsables de ces formations.

Par contraste, notre système d'enseignement professionnel apparaît trop complexe, trop lourd, trop centralisé et insuffisamment axé sur les besoins des entreprises. Il est encore trop souvent considéré comme une voie secondaire, par défaut. De fait, notre régime n'a pas encore réussi à « faire décoller » l'apprentissage, qui plafonne autour de 400 000 jeunes (1 400 000 en Allemagne).

La récente réforme vise à simplifier notre dispositif, à le rendre plus flexible et à libérer l'offre de formation en apprentissage en allégeant les réglementations mises en œuvre par les régions. L'idée est de rapprocher les CFA (centres de formation d'apprentis) des entreprises et de leur permettre d'adapter leurs formations en fonction des besoins des métiers. Reste à transformer ces bonnes intentions en réalité... Tâche difficile étant donné les spécificités culturelles françaises (à cet égard, le fait que l'État soit responsable en France de la moitié des coûts de l'apprentissage rend aléatoire l'objectif consistant à décentraliser le système au niveau des entreprises, ce qui est pourtant la clé du succès allemand).

Les universités

Quant aux universités françaises, elles sont mal classées dans l'enquête de Shanghai.

La première université française à être citée, Paris-Sud, est classée 37e, puis la Sorbonne 44e, l'École normale supérieure 79e...

Ce décalage reflète, certes, la méthode de l'enquête qui privilégie les changements de priorités de notre monde globalisé, l'ouverture aux étudiants étrangers, la maîtrise d'Internet, la mobilité des savoirs, l'intensité de la recherche... À cet égard, *les universités américaines* (Harvard, Stanford, MIT, Berkeley, Princeton, Columbia, Chicago...) *continuent d'occuper les premières places.*

Triste constat pour les universités européennes (sauf Oxford et Cambridge), dont les pays sont restés à l'écart des grandes innovations technologiques du temps présent.

Ces constatations devraient inspirer à la nouvelle Commission européenne un programme d'action vigoureux en matière d'enseignement supérieur, de recherche et de politique industrielle.

La méthodologie du classement de Shanghai est, certes, discutable. On peut contester, en particulier, l'importance, sans doute disproportionnée, qu'elle accorde au nombre d'articles publiés par les chercheurs (sans suffisamment mettre l'accent sur la qualité, l'intérêt et l'originalité des recherches répertoriées). Le fait de privilégier le *nombre* d'articles cités contribue à leur inflation et à la médiocrité croissante de ces contributions.

Il n'en reste pas moins que l'enquête, tout imparfaite qu'elle soit, a l'intérêt de poser la question : ne faudrait-il pas revisiter notre système universitaire ?

De fait, il est le plus souvent observé que notre organisation n'atteint pas les résultats à la hauteur de notre passé scientifique.

Signalons, à cet égard, les réflexions engagées par la revue *Commentaire* sur notre enseignement supérieur, et en particulier sur la place que devrait y avoir la recherche.

Il semble que la crise que connaît la science française est due non à la qualité des hommes ou à la formation générale, mais plutôt à « la mauvaise organisation des universités comme des instituts de recherche[4]... ».

Enfin, notons que notre capacité à former des scientifiques apparaît inférieure à celle de la plupart de nos voisins européens (tableau ci-après).

	Part de la population dans le total de l'UE (âgée entre 25 et 64 ans)	Part des scientifiques dans le total de l'UE	Déficit (–) ou excédent (+) de scientifiques
France	13 %	10 %	– 3 %
Allemagne	19 %	16 %	– 3 %
Royaume-Uni	13 %	19 %	+ 7 %
Espagne	9 %	8 %	– 1 %
Pologne	12 %	6 %	– 6 %
Italie	7 %	7 %	0
Autres États	30 %	31 %	+ 1 %

Source : Eurostat.

Du fait du coronavirus, le confinement des élèves au printemps 2020 – et en particulier de ceux des écoles maternelles et du primaire – a aggravé les problèmes latents d'inégalités et de pauvreté scolaire.

4. « Enquête sur l'état de la science française », *Commentaire*, 2004/4, 108, p. 970-1023.

CHAPITRE IV

La dette publique française s'accroît inexorablement et notre insidieuse addiction à la dépense publique nous éloigne de la compétitivité

Nous faisons preuve en France d'une originalité persistante : « Nous augmentons d'année en année la dépense publique. »

L'augmentation continue de la dépense publique en France

Depuis 1960, le poids des dépenses publiques en France est passé de 35 à 53,8 % du PIB, soit une progression de plus de 50 % en termes réels en soixante ans (chiffres avant l'effet Covid). Nous sommes devenus les champions du monde de cette spécificité (avant le Danemark).

Peut-on dire que c'était là du « rattrapage » après une excessive et trop longue cure d'austérité ? Rien ne peut appuyer cette hypothèse. Les États avec lesquels nous sommes en compétition en Europe (et notamment l'Allemagne) n'ont pas connu sur la longue période une telle explosion de la dépense publique et leur sort économique est loin d'être moins favorable que le nôtre (graphique 7).

L'importance du graphique ci-dessous doit être soulignée. Il montre que, depuis 2001, la dépense publique en France a augmenté de 35 %, alors qu'en Allemagne, le chiffre est de 17 %. Deux fois moins. Et l'Allemagne

Graphique 7. La dépense publique française a crû rapidement

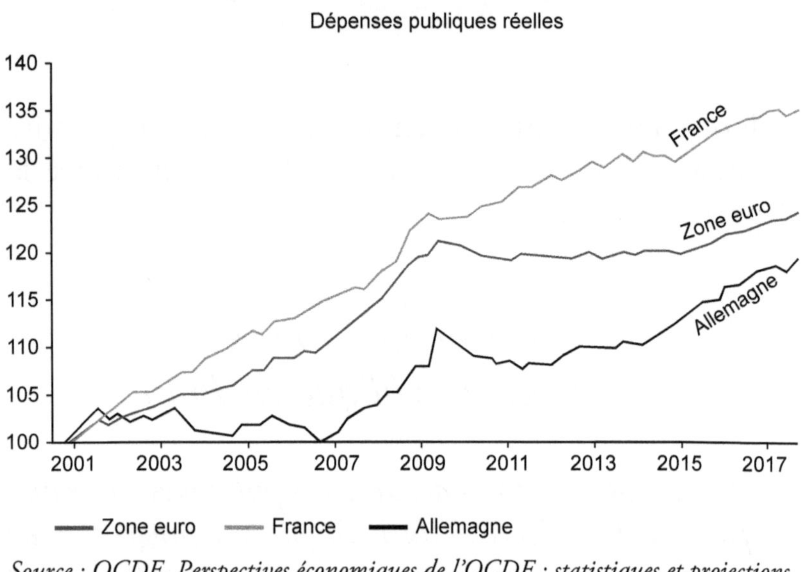

Source : OCDE, Perspectives économiques de l'OCDE : statistiques et projections, 2019.

Dépenses publiques réelles, indice 2001. T1 = 100 (déflatées par le déflateur du PIB).

est loin d'être en état de sous-développement administratif et social !

Est-ce pour pallier une faiblesse persistante de notre croissance ? Après avoir tenu une bonne place au cours des Trente Glorieuses, la France a, certes, vu sa croissance s'affaiblir après les chocs pétroliers. Mais rien ne permet de démontrer qu'il aurait fallu donner à notre pays une impulsion budgétaire permanente. Rappelons, à cet égard, que la relance par le déficit budgétaire n'est préconisée par l'école keynésienne que dans les phases de récession.

Est-ce pour répondre à des besoins fondamentaux de nature sociale ? Plus de 50 % de croissance réelle de la dépense publique en soixante ans ne sauraient s'expliquer par la nécessité de fournir à notre pays une nouvelle vague de services publics.

Ni la croissance de la population (+ 23 % de 1970 à 2010), ni l'état initial de notre administration (traditionnellement plutôt surdimensionnée et dotée d'un État providence remarquable au lendemain de la guerre) ne sauraient le justifier.

Mais si nous continuons à laisser se gonfler la dépense publique et les déficits (3,1 % du PIB en 2019) contrairement à nos engagements au titre du Pacte de stabilité européen et à notre intérêt national, nous aurons beaucoup de mal à être pris au sérieux et à influencer les affaires européennes.

Les lourdes conséquences pour notre économie et notre société de cette addiction

Il ne s'agit pas là d'une fixation maniaque ou d'un « autre siècle »...

Il faut avoir l'honnêteté de dire que cette expansion de notre dépense et de notre dette publiques ne nous a réussi :

– ni en termes de croissance où nous nous situons plutôt en dessous de la moyenne ;

– ni en termes de chômage : avec plus de 8 % de chômeurs avant la pandémie, la France était encore parmi les pays du peloton de queue européen.

La vérité est que *cette politique de croissance systématique de la dépense publique ne peut, étant donné l'importance de notre endettement public, que s'accompagner de prélèvements obligatoires élevés et donc d'une diminution de la compétitivité de nos entreprises.*

Or ces prélèvements représentent aujourd'hui de 45 à 46 % du PIB, dépassant ainsi significativement ceux de l'Allemagne (36 %)[1]. Cet écart – incompatible avec l'existence d'une union monétaire qui proscrit

1. Selon la méthodologie d'Eurostat, la France affiche en 2017 le plus fort ratio recettes fiscales et cotisations sociales nettes sur PIB. Union européenne : 41,44 % (moyenne), France : 48,40 %, Irlande (le plus bas) : 23,50 %. Selon les dernières indications de l'OCDE (publiées en novembre 2019), la France reste la championne des prélèvements obligatoires avec un taux de 46 % (avant le Danemark et la Belgique), et cela malgré les allègements fiscaux de 2018-2019 (le bilan définitif reste à établir).

toute dévaluation – explique, en grande part, notre faiblesse en matière de compétitivité, notre chômage, notre déficit commercial et notre désindustrialisation.

Il est à noter que les impôts sur la production sont particulièrement lourds en France. Ils représentent 109 milliards d'euros, soit 3,2 % du PIB contre 1,6 % pour la moyenne de l'Union européenne. Par rapport à l'Allemagne nos prélèvements sur la production sont huit fois plus élevés (les baisses annoncées en septembre 2020 vont dans le bon sens, mais sont encore insuffisantes pour égaliser le terrain de jeu).

En dépit de baisses d'impôts et de charges de 2019-2020[2], la France reste championne de prélèvements sur les salaires moyens. Le salarié moyen en France travaille pour l'État du 1er janvier au 19 juillet (l'UE à 27 jusqu'au 14 juin). Les prélèvements sur le salaire moyen en France ressortent encore en 2020 à 54,68 %[3].

Le salarié moyen français (célibataire sans enfants) est, en théorie, parmi les mieux payés d'Europe (8e rang) avec 56 461 euros bruts annuels, mais après fiscalité et charges sociales, il ne lui reste que 25 589 euros de pouvoir d'achat réel (11e rang).

Payé comme le Suédois ou le Danois, le salarié moyen français dispose de 17 % de pouvoir d'achat en moins que le premier et 31 % en moins que le second.

2. 2019 : baisse des cotisations sociales, le CICE (crédit d'impôt pour la compétitivité et l'emploi) ayant été remplacé par une baisse pérenne des charges sociales employeurs. 2020 : suppression de la taxe d'habitation sur les résidences principales et baisse, très modérée, de l'IRPP (moins de 126 euros par an pour le salarié moyen célibataire).

3. Source : Institut économique Molinari.

Cette pression fiscale et parafiscale n'est pas synonyme de « mieux vivre » ou d'une offre exceptionnelle de services. La France est la 1re de l'Union européenne en taux de prélèvements, mais seulement 11e en termes de salaires effectifs. Ces prélèvements sont évidemment fonction du taux extraordinairement élevé de nos dépenses publiques sur PIB.

*

La sagesse voudrait donc qu'on se décide enfin à inverser le courant en *diminuant* les dépenses (et pas seulement le rapport dépenses/PIB). Mais, en réalité, nos dépenses publiques continuent obstinément d'*augmenter en termes réels*.

Ainsi, avant même la pandémie, cette dérive de la dépense publique était encore sensible en 2019 et dans le budget 2020 (la dépense publique augmente respectivement de 1,7 % en valeur et de 0,7 % en volume, pour chacun des deux exercices).

À la suite du mouvement des Gilets jaunes, le budget de 2020 a mis, en effet, l'accent sur le pouvoir d'achat au détriment de l'offre et des réformes de structure, pourtant indispensables.

Les engagements pris en matière de réduction du nombre de fonctionnaires sont pratiquement effacés. Le Haut Conseil des finances publiques a souligné l'insuffisance de l'effort structurel de réduction du déficit ainsi que la déviation constatée par rapport à la loi de programmation des Finances publiques de 2018.

Les mesures favorisant le pouvoir d'achat représentaient (montant cumulé 2018-2020) 21 milliards d'euros pour les ménages et 16 milliards pour les entreprises.

Face à ces importantes baisses d'impôts, les mesures de financement apparaissent plus imprécises et incertaines.

Or notre dette publique atteignait 100 % du PIB à la fin de 2019, un des records européens. Partie en 1996 avec le même niveau de dette publique que sa voisine d'outre-Rhin (55,5 % du PIB), la France se retrouvait en 2019 à 100 % et l'Allemagne à 60,9 %.

Par habitant, la dette française s'élève à 34 595 euros (Allemagne : 24 920 euros).

Le montant de nos dépenses publiques atteignait, avant la pandémie, 53,8 % du PIB (record international).

Ces prélèvements massifs sur la production nationale ne peuvent que réduire la part et le dynamisme du secteur privé, qui, en fin de compte, est le seul à pouvoir assurer la croissance, l'emploi, la compétitivité et les succès à l'exportation.

Certains diront peut-être : avec des taux d'intérêt très bas, voire négatifs, l'État français peut emprunter à un coût pratiquement nul. Pourquoi donc s'en préoccuper ?

La réponse est malheureusement peu encourageante :

- Avec une inflation basse (ce qui est le cas actuellement), la dette ne s'efface pas.
- Une dette publique très élevée a l'inconvénient d'exercer un effet d'éviction sur les marchés : on commence par satisfaire la demande de financement – et de refinancement – publique puis, si possible, l'investissement privé suivra…

• Au cas où les taux remonteraient – ce qui n'est pas à exclure – le profil budgétaire se modifierait brutalement et le poids du service de la dette s'alourdirait.
• Une dette très élevée amène les agents économiques à redouter de futures hausses d'impôts. Cette crainte « ricardienne[4] » plane et entretient la défiance sur les marchés ; elle encourage l'épargne de précaution.
• Les perspectives pour les générations à venir apparaissent sombres : l'on devra payer dans vingt ans pour les largesses d'aujourd'hui, ou l'on devra restructurer la dette. Or ces deux options sont coûteuses en termes de croissance. En effet une restructuration de la dette coûte cher en termes de crédibilité, et, comme le démontre l'expérience argentine, fait obstacle pendant longtemps aux investissements directs en provenance de l'étranger, investissements dont nous avons besoin pour financer notre déficit courant.

Il est donc difficile de comprendre qu'on ait laissé la dépense s'accroître année après année au-delà du taux d'inflation (il s'agit, en effet, d'une croissance en termes réels).

Peut-on dire, au moins, que ces quarante années de frénésie budgétaire ont laissé notre pays plus riche, mieux armé pour affronter les défis d'avenir ?

Non, malheureusement, on ne peut pas le dire : l'essentiel des dépenses publiques a été le fait

4. L'économiste David Ricardo (1772-1823) a posé le « principe d'équivalence » entre dette publique et impôt : ce principe repose sur l'existence d'une contrainte d'équilibre budgétaire à long terme. De ce fait, les agents économiques anticiperaient l'augmentation future de leurs impôts en cas de déficits publics prolongés. Bien que cette thèse ait été contestée sur le plan théorique, il reste que les comportements d'épargne de précaution en périodes budgétaires troublées semblent lui donner partiellement raison.

d'opérations courantes et non d'investissements[5]. La plus grande partie de la dépense publique française a servi à payer les fins de mois et non à préparer notre pays pour l'avenir.

On comprend aisément la gravité de la situation en examinant l'évolution des déficits publics. Les dépenses non financées par l'impôt expliquent la persistance des déficits budgétaires couverts par l'emprunt et la montée consécutive de l'endettement.

Il apparaît difficile de fournir une réponse rationnelle à la question : « Pourquoi cette propension de notre pays à dépenser toujours davantage ? »

Le recours à des plans de relance de type keynésien explique une partie de cette dérive : plan Fourcade de 1975, plan de relance de Nicolas Sarkozy en 2008-2009 pour lutter contre les effets de la crise financière.

Ces plans ont été, en général, surdimensionnés et n'ont que très partiellement rempli leur objectif de croissance. Certaines actions d'assainissement ultérieures (plan Barre) ont cherché à en limiter les dérives.

Quant au plan Mauroy de 1981-1982, il a été en grande partie « structurel » (revalorisation du Smic, hausse des prestations sociales, raccourcissement de l'âge de départ en retraite...). Ces mesures ont donc pesé durablement sur les budgets ultérieurs.

Au total, la réalité semble prosaïque et pourrait s'expliquer en grande partie par la facilité et la démagogie. On augmente souvent le nombre de fonctionnaires

---

5. Les dépenses de fonctionnement, les prestations sociales et la charge de la dette représentent plus de 90 % du total. Voir les *Rapports sur la dépense publique et son évolution.*

pour satisfaire des pressions syndicales plus que pour répondre à des besoins légitimes. Au surplus, comme on le verra plus loin, le contrôle parlementaire sur la dépense apparaît défaillant.

Et les strates de dépenses passées – qui ont souvent perdu leur raison d'être – continuent à se maintenir sans être remises en cause. On recule devant la réforme en profondeur de certaines administrations ou services publics par crainte des réactions syndicales.

Au total, sur les vingt derniers exercices avant la pandémie (1998-2019), les dépenses publiques en France

Graphique 8. Les dépenses publiques en Europe en % du PIB, une comparaison internationale qui nous invite à réagir

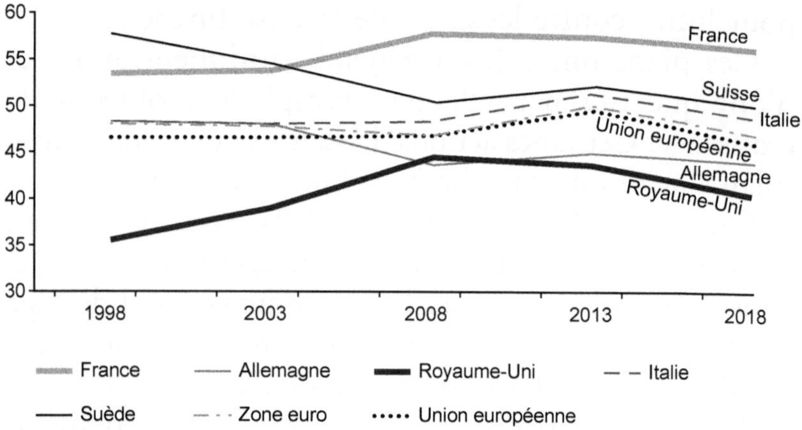

Source : Eurostat, Fipeco (20 avril 2019).

La France et l'un des rares pays, avec le Royaume-Uni, dont les dépenses, rapportées au PIB, sont plus élevées en 2018 qu'en 1998. La réduction des dépenses publiques en Suède et en Allemagne au cours de cette période est à souligner.

La France est le pays qui tient le record de la dépense publique, très au-dessus (54 %) de la moyenne européenne (45 %).

ont augmenté chaque année sans exception, passant de 733 milliards en 1999 à 1 318 en 2018, soit une hausse de 68 % en moins de vingt ans.

La situation est devenue si dramatique pour nos entreprises que l'État en est amené depuis une vingtaine d'années à réduire la charge des cotisations sociales patronales ou à ouvrir des crédits d'impôts. Mais, ce faisant, c'est le budget et le déficit qui se détériorent davantage.

La fonction publique française pose un sérieux problème

Où en est la promesse – toujours répétée à la veille des élections – consistant à réduire le nombre des fonctionnaires ?

La réponse est plus que décevante.

Le nombre de fonctionnaires est passé de 4 100 000 en 1980 à 5 500 000 en 2010, soit une augmentation de 35 % en trente ans alors que, pendant le même temps, l'emploi total augmentait de 18 %. *Ce qui veut dire que, pendant trente ans, les effectifs de la fonction publique française ont progressé près de deux fois plus vite que la population active.*

Mais cette progression a également dépassé la croissance démographique de notre pays. Par rapport à la population totale, le pourcentage des fonctionnaires est passé de 7,2 % en 1980 à 8,6 % en 2014 (soit une progression de près de 20 %).

Ces chiffres sont, à première vue, aberrants et inexplicables.

Comment a-t-on pu laisser la croissance de la fonction publique dépasser sensiblement celle de la population ? Et cela sans même tenir compte des gains de productivité qui auraient dû normalement intervenir avec le développement de l'informatique dans les services publics (comme ce fut le cas du secteur privé).

Une des explications tient à la façon dont a été conduite la décentralisation, qui a transféré une part importante des responsabilités publiques de l'État sur les collectivités locales. Pour assumer leurs nouvelles fonctions, ces collectivités ont considérablement accru leurs effectifs (de fait, ils ont progressé de 71 % de 1980 à 2010 contre une moyenne de 35 % pour l'ensemble de la fonction publique, soit deux fois plus vite).

Mais cette explosion de la fonction publique territoriale ne s'est pas accompagnée – comme il aurait été naturel – d'un dégonflement des effectifs d'État dont les responsabilités diminuaient. Le nombre des agents de l'État a, en fait, *augmenté* pendant la période considérée (plus 400 000 agents de l'État de 1980 à 2007 !).

Ce qui veut dire que la décentralisation ne s'est pas faite à coût nul. Elle s'est traduite par une augmentation globale de la fonction publique sans que les attributions perdues par l'État aient été l'objet d'un redéploiement des effectifs. Ce « scandale » – car c'en est un – a été dénoncé par la Cour des comptes et par le rapport Pébereau[6]. Mais sans effet... À ma connaissance, l'Assemblée nationale n'en a jamais débattu.

Aucune entreprise privée ne pourrait survivre, si elle s'avisait d'appliquer de pareilles méthodes.

Tentons de comparer les fonctions publiques en France et en Allemagne

Pour pouvoir faire des comparaisons sur des bases homogènes, il convient, en plus des « fonctionnaires à statut » proprement dits, d'ajouter, en Allemagne, les agents de statut privé qui exercent des missions considérées en France comme relevant du secteur public (centrales électriques, chemins de fer, poste, hôpitaux communaux...)

Ces corrections faites, on arrive à la constatation suivante :

- Allemagne : 5,8 millions d'agents publics pour une population totale de 82 millions d'habitants, soit un ratio de 7 % ;
- France : 5,4 millions d'agents publics pour une population de 67 millions d'habitants, soit un ratio de 8,1 %.

Si l'on appliquait à la France le ratio allemand, on aurait pour 67 millions d'habitants à 7 % :

6. En 2005, le ministre des Finances de l'époque, M. Thierry Breton, avait chargé M. Michel Pébereau, président de BNP Paribas, d'établir un rapport sur la dette publique française, sur les problèmes qu'elle posait à l'avenir du pays et sur les moyens de la ramener à des niveaux raisonnables. Ce rapport constitue une base précise extrêmement bien documentée et dotée de préconisations pratiques et réalistes. Il reste toujours valable bien qu'il n'ait jamais été suivi d'effet.

4 690 000 agents (ce qui indiquerait un « excédent » de l'ordre de 700 000 agents par rapport à la situation présente).

Selon une autre méthode qui fait intervenir le PIB par habitant et qui a l'avantage d'être internationale et donc d'échapper à la comparaison avec un seul pays, on arrive à la conclusion que la France devrait compter 79 agents publics pour 1 000 habitants, alors qu'elle en compte 82 (ce qui dénoterait un « excédent » d'effectifs publics de l'ordre de 180 000 agents).

Ce qui ressort aussi des études comparatives, c'est que la France, qui est dotée d'une fonction publique sans aucun doute trop lourde, présente une évolution à contre-courant très particulière :

• L'Allemagne, comme de nombreux autres pays, tels la Grande-Bretagne, la Suède, le Canada, a connu une très forte réduction de sa fonction publique depuis 1990 : réduction de près de 30 % des effectifs tant au niveau fédéral qu'à celui des Länder (du fait des synergies obtenues à la suite de la réunification, des gains de productivité liés au développement de l'Internet, et des privatisations notamment dans le secteur hospitalier et des chemins de fer), alors que la France enregistrait, au contraire, une augmentation massive de ses effectifs publics (+ 36 % depuis 1980, soit plus de deux fois la croissance de l'emploi total qui a été de 16 % pendant cette période). Comme cela a été déjà indiqué plus haut, les deux vagues de décentralisation (années 1980 et 2000) ont été réalisées en France de façon très coûteuse. Les compétences transférées au niveau local n'ont pas été accompagnées d'une réduction correspondante d'effectifs au niveau central (ainsi, les communautés de communes, créées en 1991, ont été constituées par des créations de postes et non par transferts, ce qui a entraîné une très forte poussée des effectifs territoriaux...).

• En outre, la fonction publique en France comporte toujours une part très importante de fonctionnaires à statut (81 % contre 30 % en Allemagne) alors que le mouvement général constaté sur le plan international est marqué par le recrutement de plus en plus fréquent d'agents alignés sur les contrats du secteur privé, ce qui donne plus de souplesse à la gestion des secteurs publics dans un monde qui change.

• Nos dépenses publiques de personnels s'élèvent à près de 250 milliards d'euros : elles ont doublé de 1980 à 2007. Elles représentent 13 % de notre PIB, soit près de deux fois le pourcentage allemand[7] (même s'il convient de corriger cette comparaison comme indiqué ci-dessus). Mais la tendance reste problématique et pèse sur notre budget « décalé ».

Le problème semble moins de réduire drastiquement les effectifs que de remettre à plat les diverses fonctions et de réallouer les moyens en fonction des besoins réellement constatés. Cet exercice, qui n'est nullement voué à être « antisocial », implique de remettre en cause des strates de services qui ne se justifient plus, de supprimer des doublons manifestes, des aides économiques et des niches fiscales coûteuses mais d'une efficacité douteuse, d'aligner notre âge de départ à la retraite sur celui de

7. La masse salariale des administrations publiques : France : 13 % du PIB. Moyenne zone euro et moyenne OCDE : 11 %. Allemagne : 7 %. Voir « France-Allemagne : comparer lucidement les masses salariales publiques », Banque de France, *Billet n° 34*, 17 octobre 2017.

nos concurrents et de conduire des analyses de coûts et rendement rigoureuses en s'appuyant notamment sur les excellents travaux de la Cour des comptes.

Les procédures budgétaires et le contrôle parlementaire en France et en Allemagne : une comparaison qui donne à réfléchir

En analysant le « blocage » budgétaire français, il a été à plusieurs reprises fait référence à l'Allemagne. Essayons donc de comprendre ce qui distingue fondamentalement ces deux pays en ce domaine.

Il convient, évidemment, d'écarter les explications psychologiques du type : « Les Allemands sont mieux organisés et plus disciplinés… »

Ce genre de considérations superficielles n'éclaire en rien la question.

Il faut, en revanche, s'intéresser aux détails des procédures – notamment parlementaires – qui caractérisent l'établissement des budgets des deux côtés du Rhin.

Voici quelques modalités contrastées qui permettent de mieux comprendre les écarts de performance entre les deux pays (cette analyse doit beaucoup à M. Vincent Feller[8], conseiller-maître à la Cour des comptes) :

8. Ancien élève de l'ENA, M. Vincent Feller a été affecté à la direction du Budget (1984-1995). Il a été attaché financier à l'ambassade de France en Allemagne. Nommé à la Cour des comptes depuis 1995, il est conseiller maître. C'est un des meilleurs connaisseurs des procédures budgétaires allemandes.

• *Le budget allemand est fédéral alors que le nôtre est central.* Le Bund ne représente que 41 % du budget total[9] alors qu'en France, les collectivités locales comptent seulement pour 19 % du budget total et l'État plus de 80 %.
• *Toutes les parties prenantes* (État fédéral, Länder, communes...) *ont voix au chapitre*, alors qu'en France c'est le ministère des Finances qui domine la procédure.
• *En Allemagne, le processus part de la recette.* C'est celle-ci qui détermine le budget. *En France, le ministère des Finances arrête le montant des dépenses publiques* (c'est là la « stratégie » du gouvernement) et, compte tenu des recettes fiscales attendues, le déficit en découle. Les dépenses ont leur propre dynamisme (par exemple le poids des intouchables « services votés » et les négociations du point d'indice des traitements de la fonction publique).
• *En Allemagne, c'est au contraire la recette qui commande le processus.* Une fois la recette arrêtée (à législation constante dans une perspective à cinq ans), la dépense doit s'ajuster aux ressources attendues, en vertu des dispositions constitutionnelles relatives au principe d'équilibre.

Pour déterminer avec rigueur le montant des recettes escomptées et pour éviter des prévisions trop optimistes (ce qui est souvent le cas des hypothèses et des prévisions gouvernementales), on fait appel, en Allemagne, à une *Commission indépendante*, la « Commission des évaluations fiscales ». Elle est composée du ministère fédéral des Finances, de la banque centrale, des cinq

9. Pour le budget allemand 2019, la répartition des crédits est la suivante : État fédéral : 328,2 milliards d'euros. Länder : 322,7 milliards d'euros. Communes : 113,7 milliards d'euros. Contribution à l'UE : 31,7 milliards d'euros. Total : 796,3 milliards d'euros.

instituts – indépendants – de recherche économique, des ministres des Finances des Länder et des fédérations de communes. Cette Commission a pour mission de formuler ses propres prévisions.

Elle procède, par consensus, à la répartition des recettes escomptées entre les différents Länder. Les résultats sont rendus publics sans que quiconque ne puisse y toucher.

Quant aux dépenses, elles sont soumises aux deux chambres parlementaires pour discussion. Étant donné la nature essentiellement fédérale du budget, le Bundesrat[10] (où sont représentés les Länder) joue un rôle décisif : il dispose, en fait, d'un droit de veto pour toute législation concernant les finances des Länder. Même si, pour les autres projets de lois, c'est la Chambre basse, le Bundestag, qui a le dernier mot, le poids des Länder est tel que l'État fédéral ne se permettra jamais d'humilier la Chambre haute. En définitive, le budget dépenses sera le résultat de compromis entre l'État et les Länder et non d'un vote purement politique entre partis au Bundestag (comme c'est le cas de l'Assemblée nationale).

Pour éviter les dérives (qui ont souvent eu lieu dans le passé[11]), *les Allemands ont veillé à inscrire dans leur*

10. La Chambre Haute, le Bundesrat, ou Conseil fédéral, représente les 16 Länder allemands. Ses membres sont nommés par les gouvernements des Länder.
Le Bundesrat, qui possède le droit d'initiative législative, dispose d'un droit de veto pour la législation touchant notamment la compétence des Länder, leurs finances, la Constitution, les transferts de souveraineté à l'Europe… Pour les autres lois, il a un droit de veto suspensif qui, s'il a fait l'objet d'une majorité des deux tiers, peut être écarté par un vote de la chambre basse, le Bundestag, à la même majorité.

11. Rappelons que la dette publique allemande a beaucoup « dérivé » dans le passé. En 1970, elle représentait 20 % du PIB. En 1989, elle représentait 40 %

loi constitutionnelle des « garde-fous » destinés à empêcher déficits et endettement indéfinis. Ces limitations sont plus conservatrices que celles de l'Union européenne. En application d'une loi de 2009 (votée par la « grande coalition » des partis conservateurs et socialistes) le gouvernement doit ramener l'endettement public à 40 % du PIB en 2040 (il était à la veille de la pandémie à 60 %, soit juste conforme à la règle de Maastricht).

En vertu de l'article 109 de cette même loi, le maximum de déficit structurel annuel acceptable (à partir de 2016) est de – 0,35 % du PIB et cette règle devra s'appliquer aux Länder à partir de 2020.

Ces dispositions, très protectrices de l'équilibre budgétaire, autorisent, néanmoins, une certaine flexibilité en cas de ralentissement économique : les « stabilisateurs automatiques » sont admis.

*

On voit, par cette analyse des procédures budgétaires :

• Que le vote du budget en Allemagne est le résultat à la fois d'une attention scrupuleuse et vigilante du Parlement, de règles constitutionnelles précises et, en principe, contraignantes, ainsi que d'une discussion vraiment « fédérale » où toutes les parties prenantes ont le droit, le devoir et le pouvoir de s'exprimer.

• Que les collectivités territoriales sont les responsables opérationnels d'une part essentielle de la collecte des

du PIB. En 2005, elle représentait 68 % du PIB. Mais, depuis 2008, les réformes ont rapidement fait décroître le déficit : en 2019, elle représente 60 % du PIB.

recettes publiques : l'État fédéral ne saurait donc les négliger. Mais la « règle d'or » d'équilibre a valeur constitutionnelle et les Länder ont accepté de s'y soumettre et de jouer le jeu.

Par contraste, en France, les recettes dévolues par l'État aux collectivités locales sont le cœur du dispositif de redistribution. Les organes territoriaux ne sont pas les acteurs principaux du processus budgétaire comme ils le sont en Allemagne, mais les « bénéficiaires » de subventions venant du centre. Leur autonomie fiscale est donc réduite et souvent menacée et leur sens de responsabilité budgétaire découragé.

Graphique 9. Les trajectoires de la dette publique : les deux courbes se désolidarisent après 2010 ; l'Allemagne regagne la norme de Maastricht, la France s'en écarte

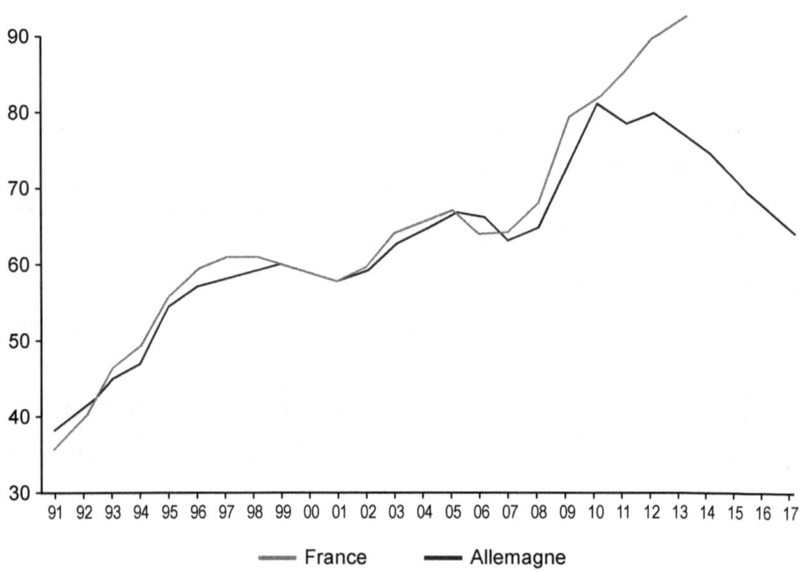

Au total, l'observation des faits montre que la gestion de nos finances publiques et son contrôle, qui devrait être une mission primordiale du Parlement, ont été gravement défaillants, surtout depuis le début des années 1980 :

• Le surcroît de dépenses publiques qui en est résulté vient essentiellement de la progression des dépenses courantes et n'a donc pas contribué à « préparer » notre pays aux défis de l'avenir grâce à une politique adéquate d'investissements publics centrée sur l'éducation, la santé, la recherche, la formation, l'énergie...

• La hausse des prélèvements obligatoires – résultat inévitable d'une politique de dépenses excessives – a contribué à miner les marges et donc la compétitivité de nos entreprises.

• Le fait que la France soit un des seuls pays européens à entretenir depuis plus de dix ans un déficit primaire (c'est-à-dire un déficit budgétaire calculé sans tenir compte des charges d'intérêt de la dette) nous place dans une position vulnérable, car la persistance d'un déficit hors intérêts nous contraint à nous endetter toujours davantage notamment dans les périodes où les taux d'intérêt seraient supérieurs à la croissance de l'économie, ce qui diffère d'autant la stabilisation – pourtant indispensable – du rapport : *dette publique/PIB*[12].

• Notre déficit budgétaire persistant n'est pas d'ordre conjoncturel : en termes structurels, il est encore de – 3,1 % du PIB en 2019 et était prévu (avant la pandémie) à – 2,2 % dans le budget de 2020 (cette baisse

12. En 2016 le déficit primaire de la France atteignait 1,8 % du PIB et 0,8 % en 2017-2018.

étant due en partie à la modération de la charge de la dette publique).

• Pour 9 missions sur 11, les dépenses publiques françaises sont au-dessus de la moyenne européenne.

Les écarts sont les suivants :

– retraites : 4 points de PIB d'écart de nos dépenses publiques par rapport à la moyenne européenne ;
– santé : + 1 ;
– loisirs : + 0,1 ;
– défense, police : + 0,8[13] ;
– administration : + 0,4 ;
– aide à l'économie : + 1,9 ;
– investissement : + 0,6.

En revanche, nous avons des dépenses publiques inférieures à la moyenne européenne en matière :

– de justice (– 0,2)[14] ;
– d'éducation (– 0,7) ;
– de charge de la dette : (– 0,3) ;

… triste satisfaction.

• Or la littérature économique montre que les pays très fortement endettés (plus de 80 à 90 %[15] de dette

13. La police et le maintien de l'ordre marquent un écart positif d'environ 0,2 point. Quant aux dépenses de Défense, elles sont supérieures de 0,6 point de PIB à la moyenne européenne pour des raisons historiques bien connues et dont les autres membres de l'Union tirent avantage.

14. Il faut noter que la Justice française est le « parent pauvre ». Ses dépenses représentent seulement 0,20 % du PIB (contre 0,30 % en Allemagne), ce qui la place au 25e rang parmi les 28 membres de l'Union européenne.

15. Voir Carmen M. Reinhart, Kenneth S. Rogoff, « Growth in a time of debt », *American Economic Review*, 2010, 100 (2), p. 573-578 et S. M. Ali Abbas *et al.*, « Historical public debt database », *IMF Working Paper 10/245*, 2010, qui soulignent le lien entre fort endettement et faible croissance. Même après correction de certaines erreurs de calcul, les résultats montrent qu'une trajectoire d'endettement public orientée à la baisse s'accompagne d'un taux de croissance nettement plus marqué que lorsque la dette est orientée à la hausse.

publique sur PIB) sont ceux dont la croissance économique est la plus fragile. À l'inverse, les pays qui parviennent à stabiliser – puis à réduire – le montant de leur dette apparaissent comme les mieux placés (comme on l'a vu, l'Allemagne est parvenue à ramener la dette publique à 60 % de son PIB, atteignant ainsi la « norme » de Maastricht[16]). Le graphique 9 ci-dessus montre que, depuis 2008, les trajectoires de la dette publique/PIB s'écartent dangereusement entre les deux pays. Pour les États en « zone de danger », la recherche économique montre que la diminution de la dette est nécessaire : « Il y a énormément à gagner à rembourser la dette plutôt que d'attendre le déclenchement d'une crise[17]. »

• Quant à l'argument selon lequel rien de tout cela n'a plus d'importance puisque les taux d'intérêt vont rester à zéro « pour une période indéfinie », il est plus le reflet de la politique monétaire actuelle qui apparaît, du reste, à bout de souffle, que l'expression d'une vérité. Chacun sait qu'aucune société ne pourra jamais durablement prospérer et investir dans l'avenir par la seule création monétaire.

Un jour, surviendront les crises et l'inflation. Les dévoiements présents ne sont pas une garantie pour l'avenir. Tout au contraire. L'histoire de l'inflation est là pour le démontrer.

---

16. Le maintien des taux d'intérêt bas a permis à la France d'économiser 19 milliards d'euros entre 2010 et 2016. Malheureusement, nous ne nous sommes pas saisis de cette opportunité pour nous donner de nouvelles marges en cas de crise.
17. Voir *Revue française de finances publiques*, février 2019, n° 149, p. 193 : pour une dette de 120 % du PIB, la probabilité d'un événement contraire est de 2,6 % par an (52 % sur vingt ans) et la perte anticipée serait de 7,8 % du PIB.

On se tromperait et on tromperait nos concitoyens si on laissait croire que la dérive systématique de la dépense publique et le recours permanent au déficit n'ont guère de conséquences.

L'histoire des crises et la littérature économique (« Minsky ») montrent, au contraire, que, passé un certain seuil, la crise finit toujours par se déchaîner : les marchés se retournent, les taux d'intérêt se tendent et les défauts se multiplient. L'économie et la société ne sortent jamais indemnes de ces tribulations.

*

En définitive, le redressement de nos finances publiques nécessitera des mesures à la fois structurelles et spécifiques.

On observe, à cet égard, que la régression de l'industrie d'un pays comme le nôtre s'accompagne d'un surcroît de chômage et de dépenses sociales (hausse des indemnités de chômage) et d'un effort accru de lutte contre les inégalités.

Il en résulte – étant donné l'importance majeure des dépenses sociales de notre pays (750 milliards d'euros soit 58 % du total des dépenses publiques) – que la réduction de ces dépenses suppose à la fois :

- Une stratégie à long terme destinée à réindustrialiser notre territoire et à accroître notre productivité.
- Des mesures immédiates (comme l'allongement de l'âge de départ en retraite et un réexamen du « mille-feuille territorial »...).

Les solutions

Seule une réforme en profondeur pourrait permettre de résoudre la situation inextricable dans laquelle nous sommes. *Voici quelques solutions qui furent couronnées de succès.*

Ainsi, la Suède est parvenue au début des années 1990 à redresser une situation budgétaire aussi compromise que la nôtre :

- Les sociaux-démocrates au pouvoir ont alors engagé une collaboration étroite avec les partis conservateurs d'opposition pour réformer ensemble le secteur public.
- Un budget triennal a été institué avec des limites obligatoires (*top down*), et l'obligation de voter des budgets en excédent structurel de 2 % du PIB (en moyenne) pendant cinq ans, tout en permettant l'apparition de déficits en cas de crise économique.
- La mise à plat des missions publiques a été un facteur décisif du succès. Une réduction de 41 % de la fonction publique a été le résultat d'une analyse fonction par fonction. Il ne s'agissait pas de fixer arbitrairement des objectifs globaux (du type : « On ne remplacera qu'un départ à la retraite sur deux », ou « on rabote tous les crédits de 10 % »), mais d'améliorer la qualité du secteur public *avec un souci de productivité et une analyse objective de chaque mission.*

Vaste programme, mais aussi bel exemple de démocratie…

Plus près de nous, le cas du Portugal invite à la réflexion : à la veille de la pandémie, le Portugal, avec un gouvernement socialiste, avait retrouvé l'équilibre budgétaire et renoué avec la croissance et la baisse du chômage.

*

Cependant, une nouvelle théorie, qui se dénomme « Théorie monétaire moderne », tente de donner un fondement rationnel au recours à des déficits publics systématiques.

Cette théorie part de l'idée que les déficits publics – utiles à la relance – peuvent toujours être financés par la création monétaire, fût-elle illimitée.

Selon cette vue des choses, un pays disposant de la souveraineté monétaire (ce qui exclut, en principe, une union monétaire comme celle de l'euro) peut émettre autant de monnaie que ce qui est nécessaire pour financer ses déficits budgétaires, quelle que soit leur ampleur. À la longue, prétendent les adeptes de cette théorie, la pression créée sur l'offre de ressources par l'accumulation des dépenses budgétaires et des déficits, finira par provoquer une hausse de l'inflation. Lorsque celle-ci atteindra les niveaux d'alerte, il restera aux gouvernements, pour calmer le jeu, à mettre en œuvre de nouvelles taxes (ce qui permettrait de réduire la dette publique encourue au début de ce processus).

Mais cette vision ne s'embarrasse pas des objections sérieuses qui peuvent être émises :

• La stimulation économique provoquée par les déficits budgétaires est, en général, assez limitée ; de plus, elle tend à s'estomper lorsque le niveau de la dette publique est très élevé (car la perspective d'impôts nouveaux augmente avec le montant de la dette).

• Utiliser l'arme des hausses d'impôts pour réduire la surchauffe inflationniste s'avère, en fait, politiquement très difficile : la fiscalité est loin d'être une panacée en matière de « modulation » conjoncturelle : augmenter les impôts quand la conjoncture se redresse est loin de séduire les politiques…
• Essayer de provoquer l'inflation par l'accroissement de la dépense publique, elle-même financée par la monnaie, peut s'avérer un jeu très dangereux. Après tout, les banquiers centraux, à la veille de la crise financière de 2007-2008, chantaient les louanges de la « grande modération » : croissance décente, faible inflation, et bas taux d'intérêt. Mais ces responsables avaient écarté de leur vision toute considération relative aux bulles d'actifs et à la faiblesse du système financier, faiblesse pourtant exacerbée par la facilité monétaire. Et tout cet édifice s'écroula brutalement en 2008. Cela pourrait bien recommencer…

*

On peut soutenir qu'une relance du déficit public peut être utile à court terme dans certaines situations. Mais on ne saurait prétendre que cette proposition est vraie continûment et dans toutes les circonstances. La faiblesse de la prétendue « théorie monétaire moderne » (qui n'est ni une théorie, ni moderne) est qu'elle donne une portée illimitée à l'idée de la stimulation par le budget, sans même prendre en compte les effets négatifs que provoque une telle politique en matière de stabilité financière.

Et, pourtant, c'est bien cette analyse comparée des effets bénéfiques à court terme et des menaces à long terme qui constitue la condition même de toute démarche rationnelle[18].

*

Depuis la rédaction de ce chapitre (fin 2019), le déficit budgétaire et la dette publique français ont littéralement explosé avec la crise du coronavirus. L'État et la Sécurité sociale ainsi que les collectivités locales ont épongé les pertes encourues en laissant filer les déficits.

Selon les chiffres budgétaires d'octobre 2020, le déficit passerait de 3 % du PIB en 2019 à 10,2 % pour 2020 (et, espère-t-on, à 6,7 % en 2021).

La dépense publique en 2019 avait déjà atteint le record absolu de 53,7 % du PIB. Elle dépassera 62 % en 2020 !

Quant à la dette publique, elle va très probablement dépasser en 2020 117 % du PIB contre 100 % à la fin de 2019 (chiffre sujet à révision lors du dernier budget rectificatif en décembre 2020).

Ces chiffres ne concernent pas seulement la France. Le Fonds monétaire a calculé que, pour l'ensemble des pays avancés, le ratio de dette publique passerait de 105 à 131 % du PIB à la suite de la crise.

Ces prévisions invitent à la réflexion.

Prétendre que la crise sera effacée en deux ans paraît très optimiste. Beaucoup dépendra de la reprise en 2021 (estimée de façon « volontariste » à 6 % par le FMI).

Croire, par ailleurs, que cette augmentation de 17 points de PIB de notre endettement public peut

18. Ces points de vue ont été explicités par Hung Tran dans son e-livre : *Witness to Uncertainty: The Unraveling of the Postwar World Order*, 2020.

être entièrement absorbée par la banque centrale et qu'on pourra, à un palier supérieur, « continuer comme avant » pose, à terme, un sérieux problème.

Certes, les achats des banques centrales vont aider les gouvernements à émettre de nouvelles obligations à des taux faibles.

Mais ce serait une erreur de penser que la « contrainte budgétaire » ait disparu pour autant.

En fait, malgré l'ampleur de l'aisance quantitative (QE) *la contrainte budgétaire demeure.*

Ce point est important. Il ne faut pas s'imaginer que la quasi « garantie » d'achat de titres souverains par la banque centrale élimine toute possibilité de jugement et d'analyse par les marchés. Les analystes et les agences de notation continueront à examiner les ratios et à porter des jugements sur la qualité et la soutenabilité des dettes publiques. Ce point n'est pas à prendre à la légère : les variations de notes (*rating*) sont un élément important de ce qu'on appelle la « signature » d'un émetteur et également un facteur essentiel de la décision d'achat de titres par les investisseurs privés notamment non-résidents. Or ceux-ci, qui sont très sensibles au rating (c'est-à-dire à la notation donnée aux émetteurs), jouent un rôle déterminant dans la demande d'achat de titres publics offerts à l'émission[19]. Répondre à cela que ces jugements par les marchés n'ont pas d'importance, car la banque centrale sera toujours là pour se porter acheteuse, est doublement inexact : la banque centrale ne pourra pas *toujours tout* acheter, comme on le verra plus loin, et la qualité de la signature d'un État restera

19. Ils détiennent environ la moitié des titres émis par le Trésor français.

un élément de confiance essentiel qu'il faut préserver à tout prix pour l'avenir du pays.

À moins de croire que la création monétaire pourra indéfiniment, et de façon illimitée, financer les déficits publics quels qu'ils soient, il faudra bien recourir aux marchés (primaires) pour assurer l'achat de la majorité des émissions de titres publics.

D'où la nécessité de rassurer les investisseurs en surveillant les ratios d'endettement et la qualité du rating.

Quant à un financement illimité des déficits budgétaires par la création monétaire, il soulève des objections majeures :

• L'impossibilité juridique – au moins en Europe – résultant des statuts de la BCE (statuts, en pratique, non modifiables, étant donné les procédures de ratification à l'unanimité).

• Le risque d'inflation (au cas où le financement monétaire des déficits publics atteindrait des montants gigantesques).

• En tout état de cause, un usage illimité de la « planche à billets » entraînerait une perte de confiance dans la monnaie avec les phénomènes bien connus de fuite vers les biens-refuges (immobilier, liquidités, or…).

Autant on peut avoir recours à l'aisance quantitative (QE), en cas de crise, pour atténuer les écarts de marchés afin de passer la turbulence sans trop de heurts, comme nous sommes conduits à le faire aujourd'hui face à la pandémie, autant il est contestable de soutenir que c'est là une donnée permanente de la nouvelle politique monétaire et que l'on pourra toujours « dépenser sans compter, puisqu'on dispose de la planche à billets ».

Il faudra, en réalité, continuer à se préoccuper de notre dette publique. Ce qui veut dire qu'il conviendra de réparer les excès passés et de veiller à ce qu'ils ne se reproduisent pas, de mieux gérer les finances publiques en privilégiant les investissements d'avenir et en réduisant les dépenses courantes les moins utiles. Il faudra en France, comme le font nombre d'autres pays, dégager progressivement un excédent primaire (sans charges de la dette), ce qui permettra d'enclencher le processus souhaitable – et nécessaire – de réduction graduelle de notre dette publique. Le seul fait d'avoir engagé cet effort – qui aurait été nécessaire en tout état de cause dès avant et indépendamment de la pandémie – aurait des effets positifs sur la perception de la qualité de notre dette telle qu'elle est ressentie par les investisseurs, notamment étrangers.

Encore faudra-t-il mettre à profit le rebond post-Covid pour commencer à stabiliser notre endettement public.

Quelle serait l'alternative ? Accepter, passivement, sans réagir, de passer de 100 % de dette/PIB à près de 120 % à la fin de 2020 et, par la suite, continuer, comme nous le faisons depuis des décennies, à additionner chaque année des déficits et des accroissements de dépenses publiques et enregistrer une hausse continue de notre dette ? On entend de part et d'autre cette petite voix de la facilité : « Nous avons atteint un nouveau palier de dette, mais surtout ne changeons pas nos habitudes. »

Ce serait là la pire des solutions. Elle reviendrait, sous prétexte de la crise, à graver dans le marbre nos désolantes pratiques et à refuser de considérer intelligemment notre défi et celui de nos enfants et petits-enfants : à savoir utiliser le budget comme un moteur de croissance et de progrès et pas comme un monument intouchable au service de la bureaucratie existante ; remettre en question les dépenses courantes les moins utiles et privilégier l'avenir.

Est-ce là proposer une « austérité » irresponsable ?

Certains l'affirment. Mais c'est oublier qu'un pays comme l'Allemagne, qui, depuis dix ans, a réduit le poids de son endettement public en le faisant passer de 80 à 60 % de son PIB, a grandement bénéficié de cette politique lorsque la crise du coronavirus a sévi :

• La marge d'endettement créée par sa prétendue « austérité » a permis à notre voisin d'outre-Rhin, beaucoup moins frappé que la France par la crise (– 6 % de recul prévu pour le PIB en 2020 contre – 9,8 % en France) de décider d'un programme de relance nettement plus vigoureux que ceux de ses partenaires européens qui abordent la crise sans marges et avec des ratios d'endettement parfois à la limite du soutenable (il ne faut pas oublier que l'efficacité du multiplicateur keynésien dépend beaucoup du degré d'endettement au départ du programme).

• La gestion rigoureuse, et clairvoyante, du budget allemand a permis de cibler les dépenses publiques de santé de façon plus avisée : à coût égal au nôtre (environ – 9 à – 10 % du PIB), le système hospitalier d'outre-Rhin face à la pandémie s'est avéré mieux équipé (tests, respirateurs...) et plus à même de réagir efficacement (intégration des cliniques privées dans l'effort commun, utilisation systématique de la médecine de ville...).

Le moment n'est plus celui des préjugés simplistes.

Le fait d'avoir un budget démesuré n'est pas un facteur de puissance et de croissance mais peut être, au contraire, un obstacle à la croissance économique, comme le présent essai le montre abondamment.

Par ailleurs, l'annulation pure et simple des dettes publiques achetées par les banques centrales est un sujet d'actualité en même temps qu'une vieille tentation.

Ce serait si simple de faire acheter par les banques centrales tous les stocks de dettes souveraines aujourd'hui détenues par des fonds d'investissement privés et de les annuler ! La dette aurait disparu comme par miracle.

Une version moins radicale de cette proposition consisterait à annuler les obligations souveraines déjà détenues par les instituts d'émission au titre du QE.

Certains vous disent qu'une telle écriture d'annulation ne changerait rien au bilan public consolidé : certes, la banque centrale « perdrait » les obligations qu'elle a achetées mais, en compensation, l'État verrait baisser sa dette.

Mais la BCE a déclaré juridiquement impossible l'annulation par la banque centrale des titres d'État achetés au titre du QE[20].

20. En effet, l'article 123 du Traité sur le financement de l'UE interdit le financement monétaire des États. Si les banques centrales, après avoir acheté

On sait qu'un allègement de dette par réduction ou annulation de sa valeur est l'équivalent d'une subvention accordée par le créancier au débiteur.

Or c'est cette « subvention » qui pose problème du point de vue juridique et du partage des responsabilités budgétaires et monétaires.

La BCE, régie par un traité international, ne sera pas autorisée à monétiser tous les accroissements de la dette des États membres et l'on sait que sur le clivage entre politique monétaire et politique budgétaire les opinions au sein de la banque sont différentes et tranchées (à cet égard, la récente décision de la Cour constitutionnelle de Karlsruhe[21] constitue un avertissement).

Certes, la BCE renouvelle en fait aujourd'hui systématiquement son stock d'obligations quand elles viennent à échéance (pratique du *roll over*). *Si la BCE s'engageait à le faire indéfiniment*, ce serait l'équivalent,

---

des obligations souveraines, décidaient de ne pas en demander le service et le remboursement, ce serait l'équivalent d'un financement monétaire consenti à l'État. La loi ne l'autorise pas.

21. Le 5 mai 2020, la Cour constitutionnelle de Karlsruhe, saisie par des requérants allemands, a rendu un arrêt dans lequel elle estime que la Banque centrale européenne (BCE) a outrepassé son mandat en mettant en œuvre depuis 2015 un programme d'achats de titres publics en vertu des pratiques dites de l'« aisance quantitative » (QE).

La Cour de justice européenne de Luxembourg avait été interrogée par la Cour de Karlsruhe sur la légalité de ces achats. En décembre 2018, la Cour de justice avait validé le programme de la BCE dans une décision très argumentée.

Mais la Cour de Karlsruhe ne s'est pas estimée convaincue par cette décision et, dans son arrêt de mai 2020, reprend les questions posées et notamment celle de la proportionnalité entre les mesures monétaires prises et l'ampleur de leurs effets économiques. De même, la crainte existe chez les juges que la BCE ne cherche à tourner la règle de l'interdiction de monétiser les dettes publiques.

Un dialogue technique est donc ouvert entre la Cour et la BCE, mais cet épisode montre les divergences de vues sur un aspect essentiel de la politique monétaire et la sensibilité politique d'une question apparemment purement juridique.

en termes économiques, d'une annulation de dette. Or pour les raisons juridiques rappelées ci-dessus, la Banque européenne ne peut prendre un tel engagement. Ce qui fait que la dette sera toujours là et qu'elle continuera de peser sur la question de sa soutenabilité.

On peut ajouter que les solutions qui tournent autour de l'annulation – juridique ou de fait – de titres publics acquis par les banques centrales sont en grande partie comptablement illusoires. En effet, si la banque centrale ne reçoit plus aucune rémunération sur son encours de titres publics, elle aura d'autant moins de dividendes à verser à l'État…

Il faut donc désormais, plus que jamais, entreprendre de gérer intelligemment nos finances publiques dans un souci d'efficacité et d'incitation à la croissance.

Loin d'être un prétexte à l'immobilisme, la crise du coronavirus ne nous laisse plus le choix : il est impératif de nous occuper, enfin, de nos finances publiques, de façon responsable et en privilégiant l'avenir. C'est faisable mais requiert du leadership et le sens de l'intérêt national.

CHAPITRE V

Le talon d'Achille de notre économie : faiblesse croissante de la compétitivité de notre industrie

Un des indicateurs les plus sûrs en ce domaine est celui de la balance extérieure. Si les exportations industrielles d'un pays s'amenuisent régulièrement tandis que ses importations s'accroissent, c'est qu'on a probablement affaire à un défaut de compétitivité.

Regardons les chiffres de notre commerce extérieur.

Alors que la balance commerciale française était en excédent de 1993 à 2005, elle s'enfonce dans le déficit depuis 2006. Les chiffres des neuf dernières années ne sont pas encourageants :

2011 : – 74 milliards d'euros.
2012 : – 67 milliards d'euros.
2013 : – 61 milliards d'euros.
2014 : – 58 milliards d'euros.
2015 : – 45 milliards d'euros.
2016 : – 48 milliards d'euros.

2017 : – 62 milliards d'euros.
2018 : – 60 milliards d'euros.
2019 : – 59 milliards d'euros.

On dira sans doute que la récente dégradation du solde extérieur, depuis 2016, est due au renchérissement du pétrole. Sans doute…

Mais regardons, alors, la performance de nos exportations.

Nos parts de marché déclinent depuis quinze ans et restent à des niveaux extrêmement faibles.

Part des expositions françaises dans le total mondial

	France	*Allemagne*	*Chine*
2004	5 %	11,6 %	9,6 %
2018	3 %	10,5 %	18 %

Quant à nos parts de marché dans la zone euro, elles ont chuté en niveau de 17 % en 2000 à 13 % en 2018, la diminution étant régulière pendant cette période.

En particulier, notre position comparée à celle de l'Allemagne ne cesse de se dégrader : pendant les dix dernières années, l'écart entre les exportations françaises et celles de l'Allemagne s'est creusé de 250 milliards d'euros, soit l'équivalent de 13 % de notre PIB.

Il apparaît donc que notre déficit commercial n'est pas le résultat de quelques « mauvaises années » conjoncturelles ou des aléas des prix pétroliers, mais la manifestation de phénomènes structurels beaucoup plus profonds.

Au premier rang d'entre eux figure la désindustrialisation de notre pays constatée sur le long terme. Cette tendance lourde a été accélérée par la délocalisation de nombre de nos usines à la suite de la montée de nos importations en provenance des pays à bas salaires du fait de la mondialisation.

L'industrie française[1] a été particulièrement fragilisée par l'irruption de la compétition mondiale.

Les chiffres suivants illustrent ce phénomène.

Part de l'industrie dans le PIB				
	France	*(en termes d'industrie manufacturière)*	*Allemagne*	*Chine*
1998	17 %	15 %	23,5 %	34 %
2004	15,5 %	12,7 %	23 %	30 %
2018	13 %	10,1 %	24 %	40 %

La Chine, les États-Unis et l'Allemagne occupent les trois premières places de la compétitivité de l'industrie mondiale. Alors que le Brésil, la Russie et l'Inde reculent depuis quelques années, de nouveaux pôles de compétitivité régionaux s'affirment en Asie (Malaisie, Thaïlande, Indonésie, Vietnam). Dans le classement mondial, la France se situe au 26e rang en 2020 (21e en 2010).

En Europe, la France est également au 26e rang, suivie seulement par l'Espagne, la Roumanie, la Belgique, l'Italie, l'Irlande, le Portugal et la Grèce[2].

Depuis 2010 (base 100), alors que l'industrie française plafonnait (en 2017 à 99,5), la production industrielle allemande atteignait 110,8.

1. La répartition de la production industrielle mondiale entre grands pays est : Chine 28,4 %, États-Unis 16,6 %, Japon 7,2 %, Allemagne 5,8 % et France 1,9 %.

2. Source : Deloitte Touche Tohmatsu, *Global Manufacturing Competitiveness*, éditions 2010, 2013 et 2016.

De fait, nos exportations ne cessent de se dégrader. Notre déficit en matière de produits manufacturés a atteint un chiffre très élevé en 2017 et en 2018 : près de 30 milliards d'euros.

La part de la valeur ajoutée de l'industrie manufacturière française dans le total de celle de la zone euro a chuté de 4,2 points depuis 2000 (Italie – 2,4, Espagne + 0,4, Allemagne + 5,5).

Mais notre difficulté à exporter se double d'une forte appétence pour des importations en provenance de l'étranger : le rythme de croissance des achats à l'étranger (de produits électroniques notamment) atteint aujourd'hui environ deux fois celui du marché intérieur. Il dénote la faible capacité de notre appareil productif à satisfaire la demande domestique.

Alors que les délocalisations constituent un phénomène général, il apparaît que la vulnérabilité des entreprises françaises face à la mondialisation a été plus sensible que dans nombre de pays étrangers : les délocalisations – à l'étranger – de nos implantations industrielles ont été plus marquées que chez la plupart de nos concurrents[3].

Plusieurs facteurs ont joué en ce sens :

• Le moindre nombre d'entreprises françaises spécialisées dans le « haut de gamme » (ces entreprises sont moins sensibles, par définition, aux effets de la baisse des coûts sur les produits courants dus à la mondialisation).

3. Un récent rapport du CEPII donne des indications intéressantes sur les raisons qui peuvent expliquer l'attrait des grands groupes français pour les délocalisations, en contraste avec l'Allemagne. Parmi les explications, on peut noter la présence, en Allemagne, de représentants du personnel dans les conseils d'administration des entreprises. C'est là une source de réflexions à approfondir en matière de participation…

• La plus forte dégradation de la compétitivité/coûts des entreprises françaises. Ce dernier phénomène s'explique notamment par l'intensité plus élevée des charges fiscales et parafiscales qui pèsent sur nos entreprises (les 9 points d'écart avec l'Allemagne en termes de PIB pour les prélèvements obligatoires, voir Chapitre III), ainsi que par l'évolution des coûts de salaires horaires plus élevés en France qu'en Allemagne pendant les années 2000 à 2010[4].

• La faiblesse du tissu des PME en termes d'exportations (124 000 entreprises exportatrices contre 300 000 en Allemagne en 2018).

Pour schématiser ce récit de notre désindustrialisation, on peut évoquer les chocs suivants que nous avons subis :

1. Les chocs pétroliers de 1973 et 1979 : ils ont été communs à tous les pays industrialisés importateurs d'hydrocarbures. La France y a répondu de deux façons :

- une répercussion – limitée – des hausses de prix des carburants pour les consommateurs (surtout les ménages, qui ont été privilégiés par rapport aux entreprises, ce qui a protégé la consommation mais a provoqué une montée de notre dette extérieure ainsi que des coûts des entreprises) ;
- une accélération de notre programme nucléaire dans les années 1970 qui a permis de réduire considérablement notre dépendance à l'égard des hydrocarbures (70 % de notre électricité viennent encore du nucléaire).

4. Les coûts de salaire horaire ont évolué comme suit entre 2000 et 2011 (base 100 en 2000). En 2011, France : 111 et Allemagne : 95, soit un décalage de 16 % en dix ans.

2. La mondialisation et la montée de la Chine. L'entrée sur nos marchés à partir des années 1980 de produits émanant de pays émergents incorporant des bas salaires a évidemment frappé notre industrie et plus particulièrement celles de nos entreprises qui étaient peu spécialisées dans le haut de gamme. En revanche, le luxe, l'agroalimentaire de qualité, l'aviation, la chimie ont mieux résisté que les textiles, les biens de consommation, la métallurgie et les machines-outils.
3. Le contraste des 35 heures en France (lois Aubry de 2000) et des réformes Schröder en Allemagne (flexibilité du marché du travail). Si l'on ajoute à la vigueur des réformes allemandes la dégradation de nos finances publiques, la montée des prélèvements obligatoires (voir Chapitre III), la réduction du temps de travail ainsi que la baisse consécutive des marges bénéficiaires de nos entreprises[5] (31 % de marge en France en 2018 contre 42 % en moyenne dans la zone euro), on comprend l'ampleur du problème posé par la faiblesse – largement auto-infligée – de notre compétitivité industrielle.
Le Forum économique mondial, dans son dernier *Rapport annuel sur la compétitivité mondiale* (comprise au sens large et intégrant institutions, politiques, productivité…) relève que *la France se classe au 15e rang* (après, notamment, Singapour, les États-Unis, Hong Kong, les Pays-Bas, la Suisse, le Japon, l'Allemagne, la Suède, le Royaume-Uni, le Danemark…).

5. La part des marges de l'industrie dans le PIB a évolué comme suit de 2000 à 2016. Allemagne : relèvement des marges de 7,4 à 9 % du PIB ; France : *baisse* des marges de 5,9 à 4,2 % du PIB.

*

Au total, l'évolution évoquée ci-dessus corrobore la citation de Robert Triffin, placée en exergue à cet essai.

Ce sont les faiblesses intérieures, plus que les chocs extérieurs, qui sont la source principale de nos contre-performances.

Le problème est grave.

Trop de nos entreprises – particulièrement les petites et les moyennes (c'est-à-dire celles qui créent le plus d'emplois) – ont du mal à survivre, à investir, à embaucher.

La désindustrialisation ne cesse de s'aggraver depuis des décennies au profit de la croissance des services. Mais le déclin de l'industrie entraîne beaucoup d'inconvénients (en matière de recherche et de capacité à garder une économie robuste et diversifiée, d'influence mondiale...). Il explique en partie notre taux élevé de chômage, le déficit de notre balance commerciale et l'affaiblissement de notre PIB par tête[6]. Étant donné que chaque emploi dans l'industrie génère en moyenne environ deux emplois dans le secteur des services, on a pu calculer que si notre secteur industriel ne s'était pas atrophié, notre population active compterait plus de cinq millions de travailleurs de plus.

Notre société est en danger.

La France a perdu 2,5 millions d'emplois dans l'industrie manufacturière entre 1975 et 2000. Pendant

6. Une forte corrélation a été observée entre production industrielle et croissance du PIB par tête.

ce temps-là, elle a vu les effectifs du secteur public augmenter pour atteindre 4,5 millions de postes[7].

La production industrielle a chuté en France depuis des années.

Par habitant, elle se situe à 6 900 dollars (le PIB par tête est à 40 496 dollars), alors qu'en Allemagne les chiffres sont respectivement de 12 400 et 46 258 dollars.

La France est (sauf la Grèce) le pays le plus désindustrialisé d'Europe…

La restauration des marges de nos entreprises est donc cruciale : à cet égard, la transformation du crédit d'impôt-compétitivité en baisse pérenne des cotisations patronales est une mesure importante[8], encore que ses effets sur les exportations (qui devraient être encouragées par la baisse des cotisations sur les salaires plus élevés – au-delà de 1,6 Smic) soient encore incertains.

Il reste que le redressement des marges de nos entreprises intervenu depuis quelques années ne les a pas encore portées au niveau de celles de nos concurrents et que l'objectif de les égaler devrait faire l'objet d'une priorité stratégique et d'un consensus bipartisan.

En définitive, on voit que notre désindustrialisation ne se limite pas à la seule industrie. Ce phénomène entraîne de lourdes conséquences collatérales : hausse du chômage et, par là même, augmentation de la dépense sociale, affaiblissement du revenu par tête… C'est donc un sujet central qu'il convient de traiter dans toutes ses composantes.

---

7. De 1989 à 2017, les effectifs de notre industrie sont passés de 4 551 000 à 3 180 000 salariés, soit une diminution de 30 %.

8. Le coût de ces mesures devrait dépasser 100 milliards d'euros.

Les ambiguïtés de la « tertiarisation »

Il convient ici de dissiper une illusion.

Nombre d'observateurs soutiennent l'idée que, face à la « tertiarisation » inéluctable de nos économies, il est normal qu'un pays comme le nôtre se désindustrialise.

Ils remarquent que de nombreux services, notamment dans les domaines de la recherche, de la conception des produits, de l'organisation stratégique, de la logistique... ont une qualité de contenus et un potentiel de croissance égaux ou supérieurs à ceux des activités de production.

Mais encore faudrait-il que les services en question soient eux-mêmes porteurs d'innovations. Or, dans le cas de la France, l'étude des faits ne va guère en ce sens.

L'Insee[9] a montré, en effet, que sur les 8,8 millions d'emplois créés dans le tertiaire en France entre 1975 et 2010 (face à la perte de 2,5 millions de postes dans l'industrie), 4,3 millions ont été des emplois publics (action sociale, enseignement, personnel des collectivités locales...) sans incidence directe sur la production, le reste étant en très grande partie des emplois dits de proximité (commerce de détail).

Ne nous leurrons pas. Le déclin considérable – et unique – de notre industrie n'a pas été « rattrapé » par une percée significative dans le modèle « libéral » anglo-saxon. En fait, la France est restée en retard dans les domaines de la recherche appliquée et de l'innovation (robotique notamment). Il est peut-être souhaitable de

9. « Tertiarisation, désindustrialisation » dans *Banque des Territoires-CDC-Collectivités*, publié le 14 janvier 2014.

concevoir plutôt que de produire ou d'assembler. Mais il vaut mieux produire – quand on ne gagne pas en nouveaux emplois tertiaires d'avenir – plutôt que de perdre sa force industrielle, ce qui est, malheureusement, notre cas.

Il faut noter que notre balance des transactions courantes[10] – qui comprend les services – reste déficitaire (– 17 milliards d'euros en 2019) et que l'excédent de la « rubrique d'avenir » (conseil et services aux entreprises) demeure modeste (+ 7,2 milliards) en comparaison de notre déficit des biens (– 60 milliards).

*

Il faut souligner enfin que la « fuite des cerveaux », phénomène révélateur de nos propres insuffisances, s'est intensifiée depuis 2000, même si elle s'est atténuée après 2013. De fait, les Français sont de plus en plus tentés par l'expatriation (qui a atteint, par moments, 60 000 à 100 000 départs nets par an). Cela constitue une perte économique pour notre pays, dont les élites – formées à grand coût par la collectivité nationale – apportent, en nombre croissant, leur savoir-faire à l'étranger.

Une étude du Sénat indique que ces départs sont, en majorité, à sens unique : ils ne sont pas compensés – à qualité égale – par des entrées (ou des retours) correspondants.

Cette vague d'expatriations serait d'autant plus préoccupante si elle apparaissait irréversible. Si 30 %

10. La crise du coronavirus de 2020 a contribué à dégrader fortement notre balance des paiements courants : le déficit passerait de 17 à 60 milliards d'euros de 2019 à 2020, soit 2,7 % du PIB. La balance industrielle, pénalisée notamment par la chute des ventes aéronautiques, verrait son déficit s'aggraver de 30 milliards par rapport à 2019. Quant au tourisme, le secteur est sinistré. Source : Rexecode.

seulement des diplômés des grandes écoles interrogés par une enquête récente de la chambre de commerce de la région Rhône-Alpes pensent s'installer définitivement à l'étranger, cette proportion est beaucoup plus importante pour des créateurs d'entreprises[11].

D'après une étude publiée par le Conseil d'analyse économique en mai 2016[12], les flux nets sortants annuels des jeunes diplômés français entre 2006 et 2011 ont doublé pour atteindre près de 120 000 personnes en 2011. Le rapport souligne que ce phénomène touche tous les pays européens et souvent bien davantage que chez nous (notamment au Royaume-Uni, en Allemagne et aux Pays-Bas). Mais en France la balance qualitative des entrants et des sortants nous est défavorable : les étudiants étrangers qui viennent en France sont nettement moins diplômés que ceux qui quittent notre pays.

Ce phénomène a pris des proportions non négligeables.

Ainsi peut-on noter que 40 % des économistes français dits « de premier rang » (c'est-à-dire se classant parmi les 1 000 premiers mondiaux pour le nombre de leurs publications) seraient expatriés aux États-Unis. La tendance est semblable pour les biologistes.

Il faut suivre et se préoccuper davantage de l'évolution des fuites de cerveaux – qui apparaît, en quelque

11. D'après les données du réseau social Linkedin, la France se situe comme le 2e pays dans le monde après l'Inde dont le solde entre les personnes qualifiées qui partent et celles qui rentrent est le plus négatif.
12. Cecilia García-Peñalosa, Étienne Wasmer, « Préparer la France à la mobilité internationale croissante des talents », *Notes du Conseil d'analyse économique*, 2016/4, 31, p. 1-12.

sorte, comme la démonstration « en creux » de nos handicaps –, et s'attaquer aux causes de ce phénomène : ces causes tiennent aux insuffisances de nos performances économiques et à la dégradation de la qualité de notre écosystème dont dépend notre capacité à attirer les talents et à les conserver.

*

Comme on l'a vu, ce problème de compétitivité ne date pas de la pandémie.

Le présent essai en a montré la lointaine genèse (insuffisance de productivité, trop de charges et nécessité de compenser les faibles marges des entreprises par le recours au crédit).

Mais cette vulnérabilité éclate au grand jour quand on ajoute les problèmes posés par le virus (effets du confinement, arrêt de l'activité pour nombre d'entreprises, obligation de recourir à encore plus d'endettement…).

En pourcentage du PIB, la dette des entreprises françaises (non financières) s'élevait avant la crise sanitaire à 140 % du PIB.

Un record quand on se réfère à l'Allemagne : (57 %) ; aux États-Unis : (74 %). Même le Japon, avec 103 %, était loin de nous approcher[13].

Avec la crise sanitaire, le flux des nouveaux prêts bancaires (61 milliards en mars-avril 2020) était plus du double de celui de l'Allemagne.

À ces montants, il faut ajouter les 123 milliards d'euros de prêts garantis par l'État (PGE), consentis

13. Source : FMI statistiques 2018.

essentiellement aux PME et TPE, pour éviter la faillite de nombreuses entreprises.

Les entreprises françaises – très dépendantes du crédit – ont déjà demandé l'accès à ces prêts garantis pour l'équivalent de 4 % de PIB (en Allemagne 1,3 %).

Mais cette nouvelle source d'endettement est de nature à fragiliser encore davantage bon nombre d'entreprises déjà trop endettées. Pour éviter de futures faillites et la montée en flèche des créances douteuses, il faudra bien accepter de transformer en capital la partie insoutenable de l'endettement de crise.

À cet égard, on n'insistera jamais assez sur la nécessité de renforcer les fonds propres des entreprises.

On a commencé, dans l'urgence, par leur accorder des prêts garantis.

Mais il faut bien comprendre qu'une grande partie de ces entreprises ne pourront pas les rembourser. En effet, avec la deuxième vague de Covid-19, nombre d'entre elles doivent faire face soit à l'arrêt prolongé de leur activité soit à un très fort ralentissement.

C'est là un choc sans précédent.

De nombreuses entreprises risquent de périr du fait de pertes d'exploitation non recouvrables et de ratios d'endettement trop élevés.

Il est donc impératif de fournir à ces entreprises des fonds propres ou des « quasi-fonds propres » leur permettant de rétablir leur situation financière afin qu'elles puissent, le moment venu, tirer parti de la reprise sans être accablées par un endettement excessif.

Des dispositions concrètes ont été avancées en ce sens, notamment celle de « prêts participatifs avec support de l'État » (PPSE) destinés, en priorité, aux PME et aux ETI.

Un fonds spécifique, géré par la BPI, serait institué et souscrit majoritairement par des investisseurs privés et, en seconde ligne, par l'État.

Au titre du plan de relance, une opération vient d'être décidée à hauteur de 20 milliards d'euros pour un premier temps. C'est un pas dans la bonne direction.

Mais ces mesures ne suffiront pas. En effet, la crise qui frappe les entreprises – et qui est provisoirement occultée par la croissance du crédit – est d'une gravité exceptionnelle. Le fait que l'économie va reculer de près de 10 points de PIB en 2020 veut dire que la capacité d'autofinancement des entreprises françaises aura été amputée de 100 milliards d'euros en deux ans. Pour nombre d'entre elles, cela se traduira par une impossibilité d'investir à un moment où notre pays a besoin de se renforcer en matière de recherche, d'équipement sanitaire, de transition écologique…

La clé sera l'octroi – sélectif – de vrais fonds propres non remboursables financés par l'épargne. Et pour attirer cette épargne, qui est abondante mais averse au risque, il faudra imaginer des mécanismes de garantie publique, comme l'a suggéré M. Michel Didier, président de Rexecode.

Un jour, le recours à la monnaie et à l'endettement pour régler les insuffisances structurelles apparaîtra ce qu'il est : une illusion. Ce jour-là, ceux qui auront des fonds propres seront les gagnants.

CHAPITRE VI

Le marché du travail en France : « Quand les meilleures intentions provoquent parfois l'effet inverse de celui recherché »

Pour bien comprendre la question complexe, et débattue, du marché du travail en France, il convient d'adopter une approche comparative et historique.

Distinguons successivement trois sujets :

- Le chômage.
- L'importance croissante des contrats à durée très courte.
- Notre structure salariale comparée à celle de l'Allemagne.

Le chômage

Les évolutions

Les deux graphiques ci-dessous (graphiques 10 et 11) illustrent les évolutions observées en matière de chômage tant en France qu'en Allemagne.

Il est, en effet, utile de nous comparer à l'Allemagne tant nos deux pays sont à la fois proches et concurrents et tant sont différents nos deux modèles de marchés de l'emploi.

Pendant les Trente Glorieuses (1945-1974), la France avait enregistré une forte croissance économique et démographique avec très peu de chômage.

De fait, le taux de chômage en France par rapport à la population active s'élevait à 2,5 % seulement pendant les années 1960-1968. Plus tard, il s'est élevé à 5 % dans les années 1980 à la suite des deux chocs pétroliers. Il a ensuite progressé jusqu'à 8 % au cours des années 1984-1990.

Après une légère accalmie en 1990-1992 (7,5 %), notre taux de chômage est remonté à 10 % environ entre 1994 et 2000. Puis, après une modération à 7,5 % entre 2001 et 2012, on observe la remontée du chômage français à 10 % de 2013 à 2017. Depuis 2018, le taux est revenu à 8,1 %.

Deux phénomènes ressortent de cette évolution.

1. Pendant les années 1990, le taux de chômage en France a été comparable à celui de l'Allemagne et en consonance avec lui, étant observé, cependant, que le ratio français était généralement plus élevé de 2 à 3 points que celui d'outre-Rhin pour des raisons en partie démographiques (davantage de jeunes entrants sur le marché du travail en France) (graphique 10).

Puis, ce fut la poussée du chômage allemand consécutive à la réunification des deux Allemagnes (de 2002 à 2005, le taux de chômage allemand atteignit 11 %). Mais, depuis la grande crise financière de 2008, le chômage a bondi en France (de 7 à plus de 10 % en 2013) alors qu'en Allemagne il tombait spectaculairement à

5,6 % en 2012, taux descendu par la suite à moins de 4 % en 2017-2018 (graphique 11).

Graphique 10. De 1991 à 2000, les taux de chômage sont, en gros, couplés en France et en Allemagne, mais, depuis 2008, les deux courbes s'écartent

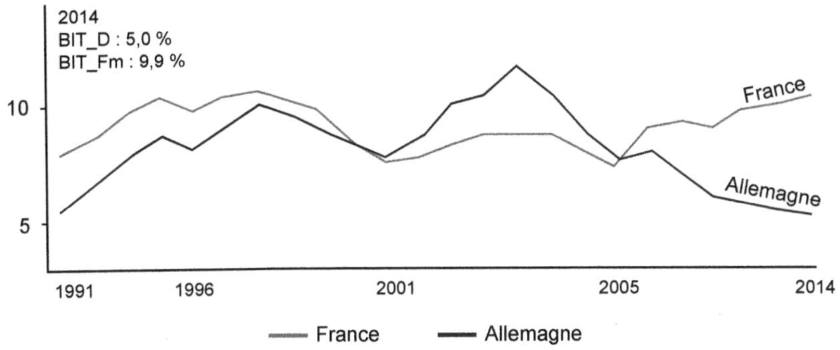

Graphique 11. Depuis 2008, le taux de chômage allemand chute par rapport au taux français

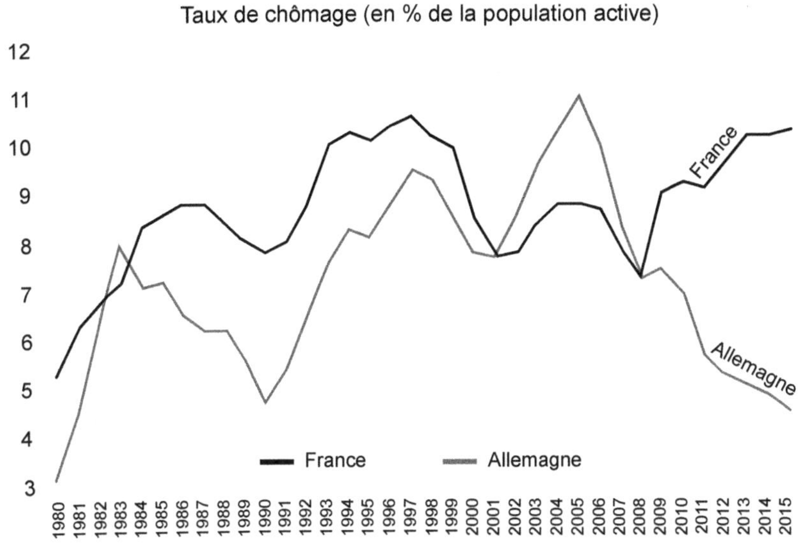

2. En revanche, pendant les vingt dernières années, le chômage des jeunes de moins de 25 ans a été constamment beaucoup plus élevé en France qu'en Allemagne (graphique 12).

Graphique 12. L'Allemagne connaît de bien meilleures performances pour l'emploi des jeunes que la France

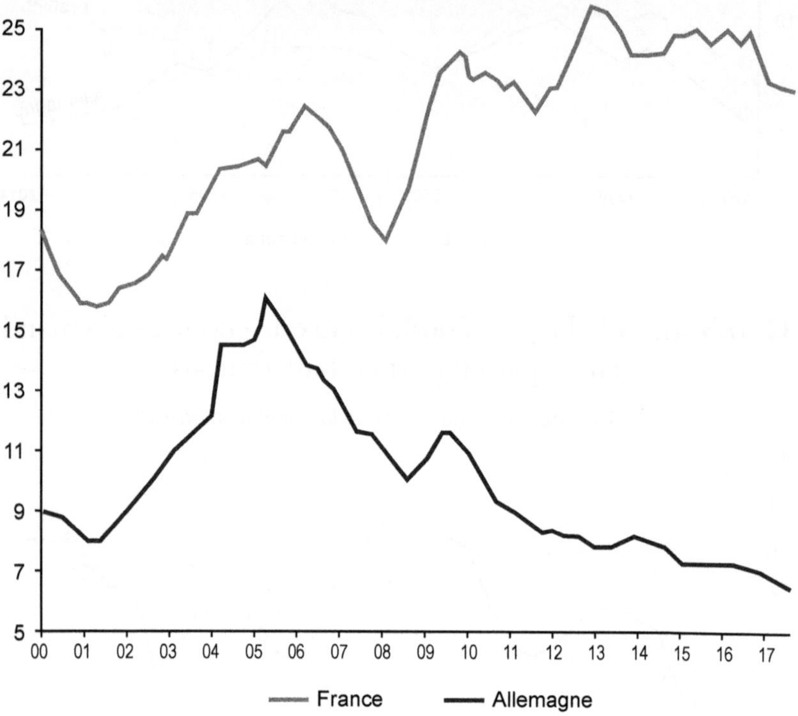

Le tableau ci-dessous donne une idée de l'ampleur de ce phénomène.

Chômage des jeunes de moins de 25 ans (en % de la population active) en France et en Allemagne

	2000	*2005*	*2017*	*Nov. 2019*
France	18,5 %	21 %	23 %	(18,9 %)
Allemagne	9 %	16 %	6,8 %	(5,9 %)

Source : Eurostat, novembre 2019 : estimations.

Les chiffres ci-dessus doivent, certes, être interprétés avec prudence pour des raisons tenant à la démographie : le nombre de jeunes Allemands de 15 à 24 ans a diminué de 600 000 depuis 2005, alors que la France doit fournir du travail à une population active croissante.

Il reste, cependant, que deux autres facteurs aident à expliquer le succès allemand en matière d'emploi des jeunes :

- La priorité constamment donnée par nos voisins d'outre-Rhin à l'apprentissage (voir Chapitre II).
- La mise en place d'une « garantie jeunes » offerte aux « formés » qui ne trouvent pas d'emploi (au titre de la réforme Hartz IV[1], les pouvoirs publics s'engagent à leur assurer une formation débouchant sur un emploi dans les trois mois suivant la sortie de l'enseignement ou la perte d'emploi).

Cette réforme a été adoptée en France en 2016. Il est trop tôt pour en mesurer les résultats concrets.

1. Les réformes réalisées sous le mandat du chancelier Schröder au début des années 2000 ont été inspirées par Peter Hartz, directeur du personnel de Volkswagen.

Les raisons du chômage de masse en France

Ainsi, la France se retrouve en 2020 (avant la pandémie) avec un chômage de masse : 8,1 % de la population active, soit 3 500 000 personnes. Malgré l'amélioration récente, c'est une performance plus que médiocre que nous réalisons depuis les années 1990, alors que l'Allemagne, avec moins de 4 % de chômeurs, avait retrouvé le plein-emploi.

Les gouvernements en France se sont constamment attaqués à ce problème avec un succès mitigé.

On a souvent tendance à penser que c'est notre organisation du marché du travail – trop rigide, trop prescriptive, trop centralisée, trop complexe, trop protectrice des droits des salariés… – qui est responsable en grande partie de notre chômage de masse.

De fait, la comparaison avec l'Allemagne paraît sans appel.

Taux de chômage comparés France/Allemagne, novembre 2019

	Taux de chômage	*Nombre de chômeurs*
Allemagne	3,1 %	2,3 millions
France	8,1 %	3,5 millions (catégorie 1 seulement)
Moyenne UE à 28	6,3 %	16 millions

Source : Eurostat.

Comment expliquer ce « décalage français » en un domaine aussi essentiel pour la collectivité nationale ?

Plusieurs facteurs doivent être distingués : leur analyse devrait aider à éclairer le problème.

« L'ÉCOSYSTÈME » ALLEMAND EST PLUS PERFORMANT QUE LE NÔTRE

Les résultats obtenus par nos voisins d'outre-Rhin en matière de recherche, de production et d'exportations industrielles haut de gamme sont nettement supérieurs aux nôtres (voir Chapitre IV sur la perte de compétitivité et la désindustrialisation de la France). Le Mittelstand – tissu d'entreprises de taille moyenne liées aux grandes firmes allemandes – constitue l'épine dorsale de l'économie germanique. Ces entreprises sont innovantes et réalisent des gains de productivité. Nous ne disposons pas, d'une manière générale, des mêmes atouts avec nos PME le plus souvent trop petites, moins innovantes et trop séparées des grands groupes.

Par ailleurs, les salaires en France ont augmenté plus vite que la productivité de 2000 à 2012 (graphique 13) ce qui n'a pas été le cas de l'Allemagne[2].

2. Les indicateurs de compétitivité harmonisés, basés sur les prix à la consommation et les taux de change réels effectifs, montrent que, par rapport au 1er trimestre 1999 (base 100), l'Allemagne avait gagné 11 points de compétitivité en 2014, soit 5 points de plus que la France. Source : ECB statistics.

Graphique 13. Productivité et salaires réels en France.
En France, les salaires ont crû plus vite
que la productivité depuis 2000

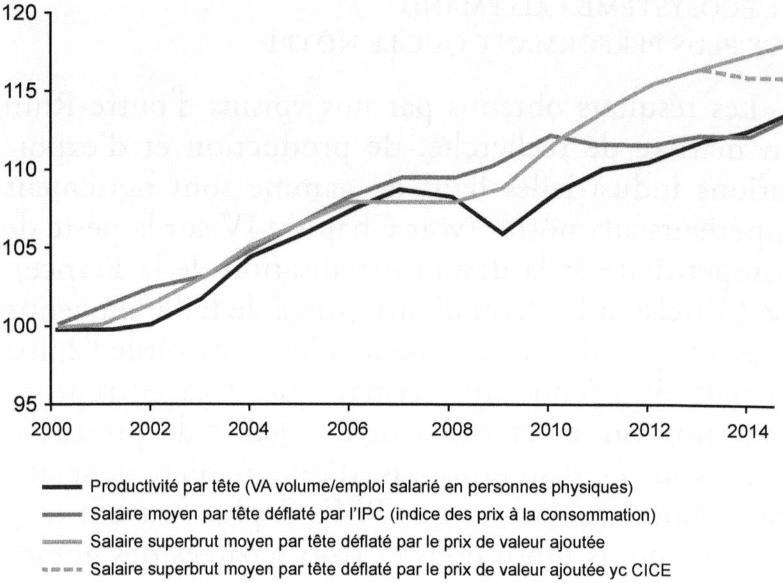

Source : Insee, calculs direction générale du Trésor.

En dix ans, de 2001 à 2011, la hausse des salaires horaires bruts de l'industrie allemande a été de 23 % en valeur nominale et de 4,1 % en valeur réelle. En France, elle a été de 38 % en valeur nominale (et de 14 % en valeur réelle).
De ce fait, la France a perdu 10 points de compétitivité-coûts par rapport à l'Allemagne pendant cette période de dix ans.

LA PRESSION EXCESSIVE EXERCÉE PAR NOS FINANCES PUBLIQUES SUR LES RESSOURCES DISPONIBLES EST AUSSI UN PUISSANT FACTEUR EXPLICATIF

Les 9 points (en termes de PIB) de prélèvements obligatoires supplémentaires que la France subit par rapport à l'Allemagne expliquent en grande partie les problèmes de compétitivité des entreprises françaises ainsi que l'insuffisance de leurs marges (voir graphique 14 et Chapitres III et IV).

Il est avéré que les surcharges structurelles qui pèsent encore sur nos entreprises (et en particulier sur les PME, principales créatrices d'emplois) en dépit des récents – et bienvenus – allègements de charges sociales, sont à l'origine d'une partie significative de nos difficultés en matière d'emploi.

Ces considérations ne doivent pas, cependant, détourner l'attention des aspects plus spécifiques qui concernent le marché du travail.

Graphique 14. Taux de marge des sociétés non financières. En dépit d'une remontée depuis 2013, la marge de nos entreprises reste inférieure à celle du début des années 2000

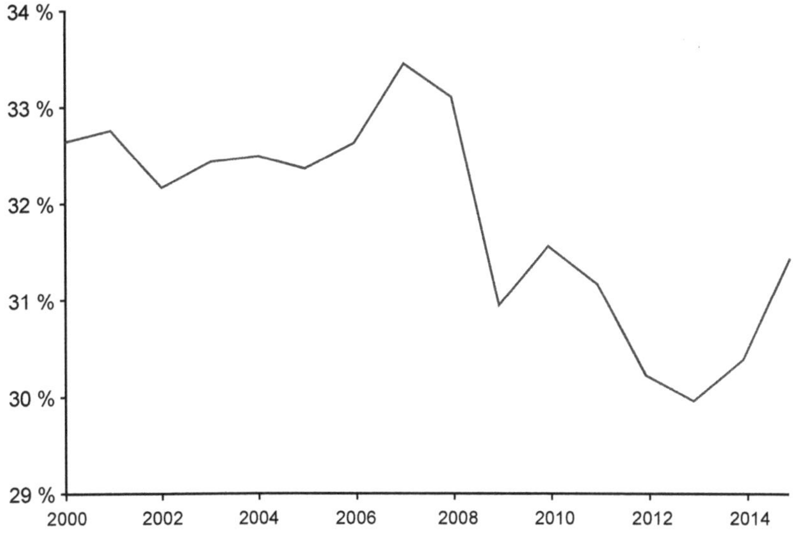

Source : Insee, calculs direction générale du Trésor.

COMMENT ÉVALUER L'IMPACT SUR LE CHÔMAGE DE LA RÉGLEMENTATION DU MARCHÉ DE L'EMPLOI ?

D'abord, une remarque liminaire. Il serait erroné de croire que l'Allemagne est un pays peu réglementé en matière de droit du travail face à une France surréglementée et protégée. La vérité est autre. Le système allemand est très réglementé et attaché à la protection des droits des travailleurs (notamment en matière de durée, de conditions du travail ou de licenciements...). Ce qui est vrai c'est que le système allemand favorise *systématiquement* l'objectif de la recherche d'emploi par les chômeurs, et qu'il se préoccupe moins que chez nous de l'adéquation des emplois offerts aux goûts et à l'expérience passée des candidats[3].

En France, nous avons créé – comme les Allemands, mais avec des modalités différentes – un solide, abondant – et extrêmement complexe – droit du travail.

Citons quelques-uns de ses aspects qui sont susceptibles d'impacter l'emploi.

1. L'épineuse question du salaire minimum : le reflet d'une tradition. Jusqu'à une date récente, l'Allemagne n'avait pas l'obligation de respecter un salaire minimum. Mais cela n'empêchait pas ce pays – dont les syndicats sont beaucoup plus actifs dans les entreprises privées qu'ils ne le sont en France[4] – de connaître des

3. La loi Hartz1 de 2003 a modifié « l'emploi acceptable » et renversé la charge de la preuve : c'est désormais au chômeur, et non à l'administration, de démontrer le caractère acceptable ou inacceptable de l'emploi qui lui est proposé.
4. Le taux de syndicalisation (en pourcentages des salariés) est de 7 % en France, et de 18 % en Allemagne, comme dans la moyenne des pays de l'OCDE.

niveaux moyens de salaires comparables, voire, dans certains cas, supérieurs aux nôtres.

En contrepartie, l'Allemagne jouissait de plus de liberté dans la fixation des rémunérations et d'une plus grande adaptabilité aux besoins et aux contraintes des entreprises[5].

En France, une tradition particulière du Smic se forgea :

Nous sommes le pays où le salaire minimum (obligatoire) a été pendant longtemps[6] le plus avantageux et demeure encore un des plus élevés de l'OCDE.

En pourcentages du salaire médian, le Smic représente 62 % (un record, alors qu'en Allemagne le ratio est de 49 %), et 50 % du salaire moyen :

- l'indexation du Smic français sur l'inflation *et* sur les salaires ouvriers assure sa croissance dans le temps ;
- le nombre de salariés payés au Smic est, comparativement, élevé (11 % du total de la population active, soit 3 500 000 travailleurs).

En utilisant systématiquement le Smic comme un instrument propre à réduire les inégalités et en accroissant, au fil des ans, son montant au-delà de l'inflation, on a vu se manifester plusieurs conséquences qui posent problème :

5. En cas de chute de son carnet de commandes, un chef d'entreprise allemand peut, en accord avec les syndicats, réduire les heures travaillées et mettre une partie du personnel au chômage technique, quitte à revenir sur ces mesures à la première embellie.

6. Nous avons été rattrapés, depuis 2006, par d'autres pays et nous nous situons aujourd'hui au 6e rang.

- la part des travailleurs payés au Smic a crû, ce qui a eu pour effet de renforcer la polarisation vers les bas salaires dans la structure des rémunérations ;
- les travailleurs les moins qualifiés ont bénéficié d'un Smic comparativement élevé en termes de rémunération des compétences.

Le débat ouvert par cette politique du Smic peut se résumer ainsi :

- un Smic plus élevé que celui de nos voisins décourage les entreprises d'embaucher des candidats dont le profil est peu qualifié. Ces recrutements exposeraient, en effet, les entreprises à des coûts relativement élevés pour des emplois qui sont rémunérés plus faiblement par les concurrents étrangers. Ainsi, on a pu soutenir, à juste titre, que le Smic avait contribué à écarter du marché du travail de nombreux demandeurs d'emploi (notamment les jeunes), ce qui expliquerait en partie la tendance lourde mentionnée plus haut au sujet du chômage élevé des moins de 25 ans (voir graphique 12 *supra*) ;
- par ailleurs, la politique consistant à concentrer sur le Smic l'essentiel du bénéfice des allègements des contributions sociales patronales risque de déformer la structure de l'emploi vers les bas salaires peu qualifiés, ce qui contribuerait à réduire la qualité des *business models* des entreprises françaises et encourager l'emploi de travailleurs peu qualifiés et, par là même, privilégier la production de biens et de services « bas de gamme ».

Nous reviendrons sur cette question.

2. L'indemnisation du chômage est-elle bien calibrée ? Les avantages créés par notre système national d'assurance-chômage institué après la guerre sous le Général de Gaulle ont été nettement augmentés au fil des ans. Ce système est piloté par les partenaires sociaux – patronat et syndicats – dans l'Unedic.

Ce régime apparaît, du point de vue de la comparaison internationale, comme très généreux.

Considérons les deux systèmes en France et en Allemagne (avec la réforme Hartz IV[7], l'Allemagne a nettement durci son régime d'indemnisation du chômage).

En simplifiant, on peut présenter la comparaison dans ces termes (en retenant seulement les catégories de base) :

- *durée d'indemnisation.* Allemagne : le chômeur a douze mois pour retrouver un emploi ; il est suivi personnellement dans cette recherche. France : la durée d'indemnisation va de vingt-quatre à trente-six mois.
- *montant de l'indemnisation.* Allemagne : pendant douze mois à 60 % du dernier salaire. Mais si le chômeur n'a pas trouvé d'emploi en douze mois, il bénéficie seulement d'une allocation sociale forfaitaire de 400 euros par mois. France : le taux d'indemnisation varie de 75 % (pour les bas salaires) à 57 % (à partir de 2 000 euros de salaire mensuel). Les très hauts salaires bénéficiaient d'un

7. La loi Hartz IV de 2005 a en particulier resserré les conditions d'application de l'assurance-chômage – considérée jusque-là comme peu incitative à la recherche d'emplois.

plafond élevé (7 700 euros mensuels), qui a été ramené à 4 500 euros en octobre 2019.
En effet, le gouvernement a lancé en 2019 une consultation avec les partenaires sociaux pour s'inspirer du système allemand et introduire, notamment, une dégressivité dans l'indemnisation[8]. Il est clair, en effet, qu'un système d'indemnisation très généreux n'incite guère les chômeurs à rechercher activement un nouvel emploi.
Il s'agit aussi de réaliser des économies afin d'aider l'Unedic à commencer à rembourser la dette considérable (37 milliards d'euros) qu'elle a contractée sur les marchés avec la garantie de l'État.

*

Au total, il paraît bien établi que les raisons du succès allemand en matière de lutte contre le chômage dépassent de beaucoup les lois Hartz. Ces dernières ont, sans aucun doute, joué un rôle effectif dans plusieurs domaines (amélioration du suivi des jeunes, sorties des chômeurs de longue durée grâce à la réforme de l'assurance-chômage…). Elle a aussi galvanisé le Parlement et l'opinion publique autour de l'objectif de plein-emploi.

---

8. De fait, le nouveau régime (octobre 2019) durcit quelque peu les dispositions existantes. Pour les salariés dont les revenus salariaux mensuels dépassent 4 500 euros bruts, l'allocation chômage sera dégressive : à partir du 7e mois de chômage, l'indemnité baissera de 30 % avec un plancher de 2 200 euros.

Mais en dehors de la réforme elle-même, il faut rappeler les raisons structurelles de la réussite allemande. Parmi celles-ci, on peut citer :

- L'importance des investissements dans la recherche et le développement.
- Le caractère innovant de l'industrie allemande qui est capable de s'adapter aux variations et aux goûts de la demande.
- L'excellence du système – dual – de l'apprentissage piloté par les entreprises.
- Le rôle coopératif des syndicats dans les aménagements contractuels du temps de travail en entreprise (notamment le recours au temps partiel en cas de baisse du carnet de commandes).
- L'aptitude de l'économie à croître (de 2005 à 2016, la croissance moyenne annuelle de l'économie allemande a été de 1,5 % contre 0,9 % en France).

La précarité de l'emploi

Mais même pour l'Allemagne, la vie n'est pas un « long fleuve tranquille » : le vieillissement de la population se traduit par moins de jeunes actifs et donc par des tensions sur le marché de l'emploi qualifié. La nécessité d'accroître l'immigration et le travail des femmes devient plus pressante. Le modèle de croissance fondé sur l'exportation et sur un considérable excédent des paiements courants, devra être profondément adapté pour des raisons d'équilibre macroéconomique international…

Enfin, notons que la recherche systématique d'emploi pour combattre le chômage a eu aussi des inconvénients en Allemagne. On peut citer, à cet égard :

- la montée des contrats (CDD) à durée très courte ;
- l'augmentation importante des emplois à temps partiel[9] ;
- la progression des emplois précaires et marginaux ;
- un fort pourcentage de bas salaires (22 %).

Les contrats à durée déterminée

Les contrats à durée indéterminée (CDI) restent, certes, majoritaires en France (84 % du total) comme en Allemagne en termes de pourcentage du total des contrats existants. *Mais, depuis la crise de 2008, les nouvelles embauches se font essentiellement – à hauteur de 85 % aujourd'hui – sous forme de contrats à durée déterminée (CDD).* Ce pourcentage est plus élevé qu'en Allemagne où il est de 55 %. La durée de nos CDD se raccourcit, du reste, considérablement (70 % des embauches en CDD se font maintenant à moins d'un mois[10]). La segmentation du marché entre contrats à durée indéterminée et contrats très courts s'est donc renforcée depuis 2008 dans notre pays. La France est le pays européen où les emplois précaires (CDD de moins de trois mois) représentent le plus fort pourcentage de l'emploi contractuel total (5,3 % contre 0,4 % en Allemagne).

9. Emplois à temps partiel : actifs occupés (salariés ou indépendants) travaillant moins que 30 heures par semaine dans le cadre de leur emploi principal.
10. Les contrats à moins d'un mois représentent près de la moitié du stock des CDD.

Cette situation est loin d'être satisfaisante. Elle se traduit par une augmentation du chômage en fin de contrat non renouvelé ; elle crée chez les employés un sentiment de précarité et d'incertitude sur leur avenir ; elle engendre aussi des coûts supplémentaires d'indemnisation du chômage. Il faut reconnaître aussi que les emplois courts sont pauvres en formation et en potentiel d'insertion dans le monde du travail.

La France est le pays de l'OCDE où le taux de conversion du CDD en CDI est le plus faible : seuls 35 % des salariés passent de l'emploi temporaire en emploi permanent, alors que la moyenne européenne est de 62 %.

On comprend, dans ces conditions, que la France soit classée comme le 129e pays de l'OCDE du point de vue du « bien-être » au travail.

Mais la solution à ce problème n'est pas, pour autant, à chercher dans la « protection » à tout prix des contrats à durée indéterminée ni dans la pénalisation systématique des CDD.

Elle suppose, tout d'abord, que l'on comprenne les raisons de la tendance générale vers les contrats courts. Dans notre environnement d'incertitudes macroéconomiques accentuées par les taux d'intérêt négatifs, dans notre monde de grandes mutations technologiques, où l'on ne sait pas ce que seront dans cinq ans les métiers d'aujourd'hui, il n'est pas facile, et souvent pas raisonnable, pour les entreprises, de recruter de façon « permanente ». D'où le recours aux CDD.

Mais là où le bât blesse, c'est que l'on abuse impunément des emplois très courts qui deviennent souvent une facilité, presque une drogue, pour nombre d'entreprises. Il serait donc préférable, comme le suggère Jean Tirole, de responsabiliser les entreprises qui abusent des CDD en leur faisant payer davantage pour les surcoûts qu'elles génèrent notamment au titre des indemnités de l'assurance chômage.

Ce mécanisme de « malus » à charges constantes (principe du « pollueur-payeur ») devrait être accompagné de la création d'un contrat unique plus flexible que le CDI actuel. En combinant ainsi flexibilité et responsabilité on parviendrait à un système à la fois plus accueillant pour les jeunes et plus satisfaisant pour les entreprises.

Le temps partiel

Il faut évoquer ici la question du temps partiel et de la durée du travail dans les deux pays pour comprendre la réalité et dissiper certaines approximations ou idées fausses.

Pour des motifs en grande partie réglementaires, les salariés français à temps plein travaillent annuellement 200 heures de moins que leurs homologues allemands[11]. Mais le temps partiel (qui n'est pas compris dans cette statistique) représente 27 % des emplois outre-Rhin contre seulement 18 % en France.

La forte augmentation des salariés à temps partiel en Allemagne (passés de 20 à 27 % de la population active depuis 2003) est, en partie, le résultat de l'entrée

11. Selon l'Insee, les travailleurs salariés à temps complet en France travaillent en moyenne 39,1 heures par semaine, soit l'un des niveaux les plus faibles en Europe (moyenne UE : 40 heures).

croissante des femmes sur le marché de l'emploi (de ce point de vue, l'emploi des femmes en France à temps plein apparaît plus développé qu'en Allemagne).

De fait, la durée du travail « normal » à temps plein a reculé dans presque tous les pays d'Europe et cette évolution a été accompagnée d'un accroissement considérable du temps partiel (l'entrée des femmes sur le marché du travail expliquant majoritairement ce phénomène).

Le nombre d'heures hebdomadaires effectuées en moyenne par les travailleurs à temps partiel varie sensiblement entre différents pays :

– France : 23 heures ;
– Allemagne : 17,8 heures[12] ;
– UE à 15 : 19,6 heures.

Si l'on agrège temps plein et temps partiel et que l'on calcule la « durée moyenne habituelle » hebdomadaire de travail, on voit que la France est bien placée, dans la mesure où, selon cette définition, on y travaille plus longuement qu'en Allemagne et aux Pays-Bas (c'est là le reflet de l'importance du temps partiel dans ces deux États).

– Royaume-Uni : 36,8 heures ;
– France : 36,3 heures ;
– Allemagne : 34,8 heures ;
– Pays-Bas : 29,3 heures.

On peut dire, sans simplifier à l'extrême, qu'en mettant l'accent sur la recherche d'emploi « à tout prix »,

---

12. En Allemagne, le temps partiel salarié (moins de 20 heures par semaine, le plus souvent subi, la plupart des personnes interrogées déclarant désirer un emploi à temps plein) et les petits boulots représentent environ 30 % du nombre total des heures travaillées.

l'Allemagne a favorisé le temps partiel, les « minijobs », les « emplois atypiques », les soi-disant « emplois indépendants », ou les jobs d'appoint à un euro l'heure…

En France, on a préféré, au contraire, un arbitrage plus coûteux pour la collectivité, mais aussi socialement discutable : faire financer par les entreprises les réductions légales du temps de travail à temps plein, mieux protéger, et plus longtemps, les chômeurs existants, quitte à recourir au chômage pour ceux qui frappent à la porte du marché du travail sans pouvoir y entrer.

Il serait donc sage pour la France de s'inspirer des succès allemands là où ils sont les plus probants sans se polariser à l'extrême sur le dispositif juridique[13].

Certes, il est indispensable d'apporter plus de souplesse à notre propre système et les réformes récentes (flexibilité du marché du travail, recentrage des incitations et des désincitations du système d'assurance-chômage…) vont indiscutablement dans le bon sens.

Mais n'oublions pas non plus l'importance primordiale des autres réformes de fond évoquées dans ce livre (réduction de la dépense publique, amélioration de la compétitivité, renforcement des marges des entreprises, allongement de l'âge

13. À cet égard, on peut recommander la lecture des écrits de Gerhard Bosch, qui a analysé avec lucidité et objectivité la portée réelle des réformes Schröder. Voir Gerhard Bosch, « L'activation des chômeurs de longue durée en Allemagne », in Solène Hazouard, René Lasserre et Henrik Uterwedde (dir.), *L'Aide au retour à l'emploi*, IFAE, 2013, p. 141-155.

de la retraite...) qui contribueraient, chacune d'entre elles, à faire sauter les verrous qui bloquent encore notre écosystème.

Les salaires en France et en Allemagne

C'est un sujet complexe et souvent mal compris du fait, notamment, des « idées reçues ». Ce qui ressort des statistiques et des études consacrées à cette question peut être résumé de la façon suivante :
1. Le coût du travail par employé est généralement plus élevé en France, encore qu'il se soit rapproché de celui constaté en Allemagne. Pour les travailleurs au salaire minimum, l'écart entre les deux pays – écart encore présent – s'est resserré depuis l'introduction du Smic en Allemagne en 2015. En valeur réelle, l'écart en faveur du Smic français est de 70 centimes aujourd'hui (en termes de salaire horaire minimum) et devrait tendre à disparaître graduellement avec la revalorisation programmée du Smic allemand.
2. Au-dessus du Smic, il est intéressant de comparer par exemple la situation de deux ingénieurs célibataires à compétences semblables : *leur rémunération est sensiblement la même dans les deux pays : 4 700 euros par mois.* Mais, alors que les contributions sociales à la charge des travailleurs sont semblables dans les deux pays, les cotisations sociales patronales outre-Rhin sont inférieures de plus de 50 % à celles payées par les entreprises françaises (environ 764 euros contre 1 600 euros en France dans cet exemple). Il en résulte que, pour l'employeur,

le coût du salaire brut mensuel est beaucoup plus élevé en France : 6 300 euros contre 5 464 euros[14].

3. On touche, par cet exemple, une des faiblesses fondamentales de notre pays en termes de compétitivité : ce n'est pas que nos ingénieurs soient payés plus cher qu'en Allemagne ou qu'ils soient moins performants, ou qu'ils travaillent moins. Leur rémunération est identique et leur productivité comparable.

Le point saillant est que *les entreprises françaises sont « mises à contribution » beaucoup plus que leurs homologues d'outre-Rhin pour financer les coûts de notre système social*, système qui est rendu plus onéreux notamment du fait de la « spécificité » française du départ à la retraite à 62 ans (contre 65 ans et 7 mois, et devant atteindre 67 ans en Allemagne, différence qui représente un surcroît de dépenses publiques en France de l'ordre de 3 à 4 points de PIB, soit le tiers du différentiel qui handicape notre compétitivité).

4. Les emplois marginaux (temps partiels à moins de 20 heures par semaine ou « minijobs ») *constituent un réel sujet de préoccupation en Allemagne* et sont, en quelque sorte, le revers de la médaille du succès remporté par ce pays sur le chômage.

On considère qu'il existe 4,8 millions d'Allemands (6,5 % des actifs) entièrement dépendants de tels minijobs (emplois à temps partiel plafonnés à 450 euros par mois par la Sécurité sociale). Les femmes représentent une part essentielle de cette population (3 millions). Or ces personnes se préparent des retraites très difficiles.

14. Ce calcul ne tient pas compte des récentes mesures d'allègement des cotisations sociales patronales décidées en France, mais il faut noter que les allègements en question sont concentrés sur les travailleurs payés au Smic ou à 2,5 Smic, ce qui ne change pas le raisonnement pour un ingénieur.

Il est vrai que la création du Smic en 2015 a déjà réduit de près de 200 000 personnes ces minijobs[15].

5. *Il résulte de ces données ainsi que d'études sociologiques que le système français est globalement plus coûteux mais, en définitive, moins « social » que le système allemand.* Quand on raisonne en termes de pouvoir d'achat final et de niveaux de vie, et que l'on examine la situation réelle nette des diverses catégories de travailleurs (en tenant compte du coût de la vie et, en particulier, du logement nettement moins cher en Allemagne), on s'aperçoit que si un célibataire français payé au Smic s'en tire plutôt bien comparativement à son homologue allemand, il n'en est pas de même pour les familles de deux enfants, beaucoup plus nombreuses en France. Alors qu'une telle famille française se situe un peu au-dessus du seuil de pauvreté quand elle bénéficie de deux salaires au Smic à temps plein[16], il n'en est pas de même en cas d'un seul Smic (même accompagné d'un salaire partiel) : dans ce cas, le seuil est dépassé et on entre dans la pauvreté, ce qui, compte tenu des différences démographiques, est moins souvent le cas en Allemagne[17]. On comprend mieux alors le phénomène des Gilets jaunes... La surfiscalité entraînée par nos dépenses publiques excessives finit par appauvrir les plus fragiles et rendre insupportable la

15. Les autorités allemandes s'efforcent, du reste, de lisser cette évolution (en réduisant de 51 à 49 heures par mois le plafond des heures travaillées éligibles au Smic...).

16. C'est 500 euros par mois au-dessus du seuil de pauvreté – qui est de 2 400 euros – pour un ménage avec deux enfants. Voir « Protection contre la pauvreté », *France Stratégie – document de travail*, 16 décembre 2019.

17. Étant donné que les ménages allemands ont moins d'enfants qu'en France, et que leurs revenus par tête sont donc supérieurs, on peut comprendre que, selon l'OCDE, l'Allemagne compte 3,7 % de travailleurs pauvres contre 7,1 % en France.

moindre augmentation de charges, fût-elle justifiée par l'impératif climatique.

6. *Le tassement des hiérarchies salariales en France est une autre de nos « spécificités »*. Il a été favorisé, durant de longues années (cette évolution s'est, cependant, arrêtée depuis 2006), par notre politique libérale de hausses du Smic (notre salaire minimum est, en effet, le seul de l'OCDE à être doublement indexé : sur les prix et sur le salaire ouvrier de base et à bénéficier, en plus, de « coups de pouce » répétés), ainsi que par notre pratique systématique consistant à concentrer sur les salaires autour du Smic les allègements de cotisations sociales. Il en est résulté une « attractivité » pour l'embauche de personnes peu ou non qualifiées et une réduction de l'écart normal entre catégories de salariés[18]. Est-ce souhaitable ? C'est là que l'on mesure la difficulté de rester dans la « compétition haut de gamme » tout en utilisant le Smic principalement, mais sans beaucoup de résultats, comme un moyen de réduire les inégalités. À cet égard, il a été démontré que si l'on voulait vraiment réduire les vulnérabilités extrêmes, il faudrait d'abord s'occuper des familles avec enfants : pour ce faire, la hausse de la prime d'activité serait nettement plus ciblée et efficace que la hausse du Smic.

7. *Bien que les écarts observés dans l'évolution des salaires dans les deux pays de 2000 à 2014* – écarts qui furent très élevés[19] et ont pesé lourd dans l'affaiblissement de la

18. Du fait de la concentration des allègements de charges sociales sur le Smic, la France est devenue le pays de l'OCDE où le ratio Smic net de cotisations sociales patronales sur salaire médian est le plus élevé. Voir, sur l'ensemble de ces sujets, les remarquables rapports annuels du groupe d'experts sur le Smic.

19. Sur la période 1996-2014, les coûts salariaux unitaires allemands ont augmenté de 0,3 % par an en moyenne alors qu'en France, le chiffre a été de 1,6 %

compétitivité de la France – se soient considérablement modérés depuis (au point que le caractère onéreux de nos salaires s'est, en partie, estompé), il demeure que *la productivité du travail en France reste à la traîne* par rapport à ce que l'on observe chez nos voisins.

Les raisons spécifiques de cette contre-performance peuvent être analysées de la façon suivante[20] :

– les compétences de la main-d'œuvre en France apparaissent plus faibles que dans la moyenne de l'OCDE. Rappelons ici que le système d'éducation français est caractérisé par un écart de compétences selon les origines sociales plus important que dans les autres pays ;
– le nombre de créations d'emplois marchands a été particulièrement faible en France ;
– le taux d'emploi des jeunes est très faible en France (environ 20 %, contre 40 % pour la moyenne européenne) ; cette difficulté qu'éprouvent les jeunes français à trouver des emplois s'accompagne d'une tendance à l'allongement des périodes scolaires ;
– les entreprises à forte composante de travailleurs peu qualifiés (spécificité française) sont moins susceptibles de réaliser des gains de productivité (en effet ces personnels s'adaptent plus difficilement aux nouvelles technologies) ;
– de fait, les performances françaises en matière d'innovation sont nettement inférieures à celles des principaux pays européens (en particulier nos

par an (en cumul sur cette période de dix-huit ans, la hausse allemande a été de 4 % contre 23 % en France. Depuis 2014, l'écart s'est réduit).

20. Voir le premier rapport du Conseil national de productivité, *Productivité et compétitivité : où en est la France dans la zone euro*, avril 2019.

entreprises sont, comparativement, en retard sur l'adoption des technologies de l'information et de la communication et en matière de robotisation). L'automatisation des économies s'accélère dans le monde. La France est au 18e rang, alors que les pays les plus automatisés sont Singapour, l'Allemagne, le Japon, la Suède, le Danemark, les États-Unis, l'Italie, la Belgique et Taïwan ;

– enfin, les Français entretiennent un fort niveau de défiance envers leurs institutions (et en particulier leurs entreprises) selon les enquêtes internationales. Cette caractéristique ne favorise pas la coopération sur les lieux de travail ni les meilleures pratiques managériales.

*

Résumons la situation française (avant la pandémie).

1. La situation du marché du travail français s'est améliorée, mais reste préoccupante

• Le taux de chômage est passé de 10 à 8,1 % de 2010 à 2019.

• Le taux d'emploi, longtemps bloqué à 60 % de la population, a commencé à croître quelque peu (65 %).

Mais ces résultats sont à relativiser :

• Le taux du chômage allemand est de 3 % de la population active.

• Le taux d'emploi est très supérieur au nôtre : 79 % en Allemagne et même dans la zone euro où il se situe, en moyenne, à 68,5 %.

Il faut observer, en outre, que la proportion de la population française qui se trouve au chômage ou qui souhaiterait travailler davantage demeure supérieure à celle observée avant 2007.

2. La qualification et les compétences de notre population active sont relativement faibles

Les adultes français sous-qualifiés (selon les enquêtes de l'OCDE) représentent 23 % de la population active, contre 20 % en Allemagne.

Dans les pays de l'OCDE, on observe une polarisation entre travailleurs qualifiés et non qualifiés. Avec la mondialisation et les importations en provenance des pays émergents, la part des emplois faiblement qualifiés (ou automatisables) a diminué dans le secteur industriel marchand.

En revanche, les emplois peu qualifiés du secteur des services d'aide à la personne ont faiblement augmenté en France.

Le fait que la France compte un nombre relativement élevé de travailleurs non qualifiés – dans un monde de plus en plus changeant du point de vue technologique – explique en partie l'importance de notre chômage structurel et en particulier du chômage de longue durée.

L'accès à l'emploi pour les jeunes les moins qualifiés est devenu un problème majeur en France (auquel on s'efforce de remédier par l'amélioration de l'apprentissage et de la formation).

La part des jeunes de 15 à 29 ans déscolarisés et sans emploi (en % de la population) est sensiblement plus élevée en France (17 %) qu'en Allemagne (10 %).

L'enquête PIAAC[21] de l'OCDE mesure les compétences des 16 à 65 ans sur les plans de la compréhension d'un texte, du calcul et de la technologie. Il existe une corrélation positive entre le niveau de ces compétences et les performances industrielles.

Dans l'enquête de 2016, la France se classait 21e sur 28 (l'Allemagne 14e).

3. L'évolution des salaires a été déconnectée de la productivité

La France se distingue dans l'OCDE par son taux de chômage structurel persistant ainsi que par des salaires relativement dynamiques.

Les salaires bruts et le coût du travail dans les branches marchandes de l'économie ont crû à un rythme supérieur à celui de la productivité (même si les évolutions ont eu tendance à converger depuis 2011).

21. Programme pour l'évaluation internationale des compétences des adultes.

Cette déconnexion affecte négativement :
– le chômage des peu qualifiés ;
– les exportations haut de gamme ;
– la compétitivité.

De ce point de vue, les hausses du Smic jouent un rôle non négligeable.

La revalorisation annuelle du Smic concerne 11 % des salariés du secteur privé français. Mais cette revalorisation se diffuse aussi vers les salaires plus élevés (avec épuisement du processus au-delà de 2 fois le Smic).

Ces revalorisations conduisent donc à une dynamique salariale haussière.

De fait, les hausses du Smic provoquent, par capillarité, une hausse des salaires immédiatement supérieurs et, par là même (en raison de l'indexation du Smic sur les salaires), alimentent ultérieurement la hausse automatique du Smic et affectent ainsi la compétitivité de notre pays.

Cela s'est produit notamment pendant les six premières années ayant suivi l'institution de la semaine de 35 heures. La durée légale du travail avait baissé de 11 %. Il fut décidé que cette baisse n'affecterait pas le salaire mensuel d'un smicard. Le salaire horaire devait donc augmenter de 11 %. Pendant cinq à six ans, le Smic dépassa, ainsi, de 2 % chaque année les salaires correspondants en Allemagne.

Pour les entreprises employant des salariés peu qualifiés, la difficulté est de ne plus pouvoir les payer au niveau du Smic, en raison des contraintes de la concurrence.

Ces entreprises en viennent donc à limiter le recrutement de salariés non qualifiés et à tenter – souvent sans succès – d'augmenter leurs marges et leurs prix (ce qui est difficile dans les secteurs exposés à la concurrence internationale).

Avec la hausse du Smic consécutive à la semaine de 35 heures, les cotisations sociales patronales ont été réduites au niveau du Smic.

Certes, cette réduction des charges – charges poussées à la hausse par les 35 heures – a permis d'alléger le poids des contributions patronales. Mais ces « allègements » coûtent cher au budget (22 milliards d'euros, prévision pour 2040).

Le Smic est-il, au moins, l'« égalisateur » social et le compensateur de la pauvreté ? Cela ne se vérifie pas.

En effet, la pauvreté est moins le fait des salariés payés au Smic que celui des chômeurs de longue durée et des familles monoparentales (de ce fait, c'est la prime pour l'emploi, créée en 2000, qui apparaît la plus adaptée à traiter ce problème de pauvreté).

Une moindre croissance du Smic aurait des effets positifs sur l'emploi, selon un groupe « d'experts du Smic » qui a recommandé – avec succès –, de 2012 à 2017, d'éviter au moins les « coups de pouce ».

Les travaux du professeur Gilbert Cette soulignent, à cet égard, que *le Smic français est l'un des plus élevés des pays industrialisés et que des effets préjudiciables sur l'emploi ont été confirmés par la recherche économique.*

Du fait de cette longue politique haussière, le ratio du Smic sur le salaire médian a atteint en 2018 :
- 62 % pour la France ;
- 49 % pour l'Allemagne.

Le faible taux d'emploi des peu qualifiés, concomitamment au relatif dynamisme de leurs salaires – et notamment du Smic – a contraint les gouvernements à réduire le coût du travail (en procédant à des exonérations de cotisations patronales sur les bas salaires). Le résultat est que le coût du salaire minimum (net de charges sociales) par rapport au coût du salaire médian se situe dans la moyenne de l'OCDE, mais au prix d'un effort budgétaire accru.

4. La demande de main-d'œuvre qualifiée continue à croître en France

Demande croissante, alors que la formation ne permet pas à chacun d'acquérir les compétences nécessaires.

Les compétences de la population active décroissent vite avec l'âge après 34 ans. Ce phénomène est plus marqué en France qu'en Allemagne.

La réforme de la formation continue est destinée à remédier à la situation : le but est de simplifier le système et d'améliorer sa qualité.

En période de transition, le gouvernement a mis l'accent sur les jeunes et les chômeurs. N'oublions pas que le chômage des jeunes (15 à 24 ans) représente en France 19 % de la population active et seulement 6 % en Allemagne.

Encore faut-il que l'attitude de notre pays à l'égard de la formation professionnelle et de l'apprentissage change en profondeur et que les entreprises en deviennent les acteurs décisifs.

Conclusion

On voit que, malgré nombre d'améliorations et de progrès (notamment en matière d'allègements de charges sociales et d'une plus grande liberté accordée aux entreprises dans la fixation des salaires), notre système porte la marque de défauts profonds : le chômage élevé des jeunes est le signe de l'inadaptation de notre régime scolaire et de l'insuffisance de la formation ; la faiblesse des marges de nos entreprises reflète l'excès de nos prélèvements obligatoires et de nos dépenses publiques et rend plus difficile le recrutement, en particulier de seniors ; la montée des contrats très courts est la marque de l'incertitude des entrepreneurs quant à la croissance future ; l'évolution de nos salaires dépasse les gains de productivité et le Smic a trop tendance à être utilisé comme une aide sociale alors qu'il favorise le tassement de la hiérarchie normale des salaires ; le fait d'alléger les cotisations patronales ne supprime pas le coût élevé de notre système de protection sociale mais ne fait qu'en transférer une partie sur un budget déjà exsangue…

Il convient donc, sur un sujet aussi complexe, de traiter l'ensemble des problèmes qui, pour le moment, s'opposent à l'inclusivité et au fonctionnement normal du marché du travail.

*

C'est en matière d'emploi que la crise liée au Covid est sans doute la plus menaçante.

Après avoir enregistré en 2019 son plus bas niveau depuis près de cinquante ans, le taux de chômage a presque doublé dans les pays de l'OCDE pendant les six premiers mois de 2020. Il pourrait atteindre 12,5 % d'ici décembre selon les prévisions, du reste incertaines.

Le confinement décidé par les pouvoirs publics est, évidemment, créateur de chômage, même si les dispositions prises en matière de chômage partiel ont pu significativement amortir le choc pour les salariés, au prix d'une aggravation du déficit. On a calculé que 20 à 25 % du chômage induit par le confinement ont été, ainsi, financés par l'État qui a couvert 8 millions de salariés pour un coût de 24 milliards d'euros sur les deux seuls mois de mars et avril 2020.

Il n'en reste pas moins que nombre de contrats courts (CDD et intérim) ont été touchés.

Près de 715 000 emplois ont été détruits en France au premier trimestre dans le secteur privé, soit une baisse de 2,5 % de l'emploi.

En dépit de fortes incertitudes, la BCE prévoit que notre taux de chômage, descendu à 8,4 % en 2019, se situerait à plus de 10 % en 2020 et à 11,7 % en 2021.

À cet égard, étant donné la recrudescence de l'attaque virale à l'automne 2020, il est important de ne pas laisser les entreprises qui ont bénéficié de prêts garantis par l'État succomber sous le poids de leur dette lorsqu'elles sont économiquement fragiles (voir p. 95-96).

CHAPITRE VII

Le problème des retraites : une exception bien française pour un problème mondial

Le problème de la réforme de nos retraites occupe la une des journaux. C'est devenu un enjeu majeur de société.

Mais le débat actuel est centré sur le détail de la réforme proposée par le gouvernement et a pris le pas sur la compréhension des données essentielles – pourtant simples – du sujet. Or ces données sont rarement évoquées. C'est dans ce domaine que la pédagogie devrait, pourtant, s'exercer.

À la base, nous sommes en présence d'un problème démographique.

Un problème démographique mondial

C'est un problème commun à tous les pays « avancés » et en particulier aux pays européens (graphique 15). De 19 % de la population totale de l'OCDE en 1996, les plus de 60 ans en représentent aujourd'hui 31 %, soit une progression de 63 % en moins de vingt-cinq ans.

Graphique 15. OCDE : population de plus de 60 ans (en % de la population totale)

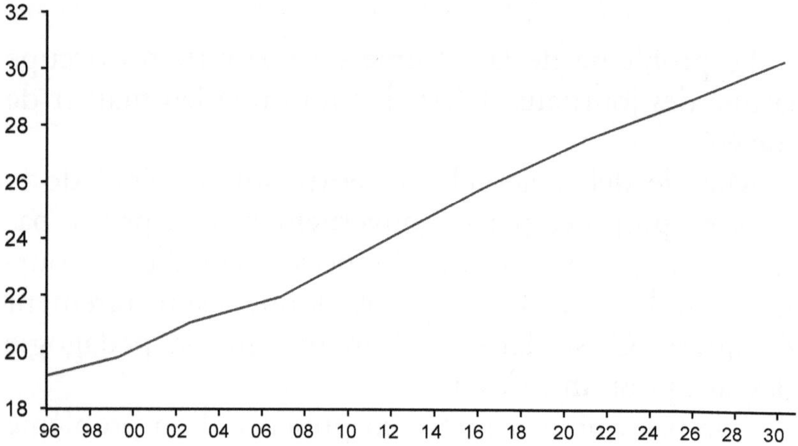

Source : Natixis Flash Economie, 9 septembre 2016.
La population mondiale vieillit très vite.

La pyramide des âges (structure de la population par âges) des pays développés change rapidement de forme

La répartition des différentes tranches d'âge de la population européenne pouvait encore, en 1950, être représentée par une « pyramide » avec une base large pour les classes jeunes et une montée graduelle vers la pointe pour les classes plus âgées. Aujourd'hui, il n'en est plus ainsi : la base s'est rétrécie avec un renflement de la tranche des 40 ans.

En 2050, ce ne sera plus du tout une pyramide, mais plutôt un tronc d'arbre vertical avec un renflement vers 60 ans.

L'espérance de vie en Europe, qui était de 65 ans en 1950, est aujourd'hui de 75 ans et pourrait dépasser 80 ans en 2050.

Les effets économiques de ce vieillissement sans précédent sont considérables, notamment sur le poids croissant des retraites

Alors que la croissance de la population active est en train de se stabiliser – voire de se réduire dans certains pays –, la population âgée augmente fortement.

En Europe il y avait :

- 20 retraités pour 100 actifs en 1950, soit : 5 actifs pour 1 retraité ;
- 32 retraités pour 100 actifs en 2000, soit : 3 actifs pour 1 retraité ;

– 56 retraités pour 100 actifs en 2015, soit : 1,8 actif pour 1 retraité.

Et on prévoit :

– 74 retraités pour 100 actifs en 2050, soit 1,3 actif pour 1 retraité (ces chiffres sont voisins de ceux de la France).

Or si l'on voulait assurer aux retraités 50 % de leur revenu brut d'activité dans un système de répartition, les cotisations sur actifs pourraient être contenues à 12,5 % des revenus s'il y avait 4 actifs pour 1 retraité. Mais s'il n'y a plus que 2 actifs par retraité, voire moins, la cotisation de retraite devrait doubler et dépasser 25 à 30 % du revenu, ce qui poserait un problème majeur.

Or c'est cela qui est en train de se produire. La dégradation des systèmes de retraite est inévitable. C'est là – et pour demain – une source de tensions intergénérationnelles que nos sociétés ne sauraient esquiver.

Le sujet n'est pas qu'européen : il est mondial.

Ainsi, il est saisissant de constater que, en 1986, 69 % des retraités américains étaient capables de maintenir leur niveau de vie d'avant le départ en retraite. Mais en 2013, ce pourcentage est tombé à 48 %. En 2034 la prévision est de 32 %.

On considère qu'aux États-Unis :

• Le déficit général des systèmes de retraite atteint 4 trillions de dollars. La faiblesse des taux d'intérêt nés de la politique monétaire ultra-accommodante a contribué à déséquilibrer les bilans des fonds de pension entre les actifs financiers placés à des taux se rapprochant de 0 et les engagements contractuels de ces organismes.

• En 2050, 25 millions d'Américains aborderont leur retraite dans un état de pauvreté, faute d'avoir constitué, par leur épargne, des compléments de pension (aujourd'hui, on estime qu'un tiers des futurs retraités n'a mis en place aucune solution individuelle additionnelle au régime général).

Le sujet est à traiter et non à différer. Le recul de l'âge de la retraite et la promotion de systèmes complémentaires d'épargne retraite sont, évidemment, les pistes à suivre.

La solution pour la France : ne pas se tromper d'objectif

Trois faits majeurs sont à rappeler :

– nos retraites coûtent cher ;
– mais elles ne satisfont pas les retraités qui ont, en général, une vision pessimiste de leur avenir ;
– l'espérance de vie à la naissance continue d'augmenter (en moyenne de cinq ans depuis 1990).

Or il s'agit essentiellement d'un problème démographique : « Pas assez d'actifs pour payer les pensions de retraite dans un système de répartition où ce sont les actifs qui financent aujourd'hui les retraites des seniors. »

En effet, avec la dégradation du rapport actifs/retraités (moins de deux actifs par retraité en France aujourd'hui contre trois en 2000), le système actuel n'est plus viable et la réforme est indispensable dès aujourd'hui. Le vieillissement démographique et l'accroissement de l'espérance de vie ont profondément bouleversé les fondements mêmes de nos systèmes de retraite par répartition (graphique 16).

Graphique 16. Notre régime de retraite a atteint ses limites

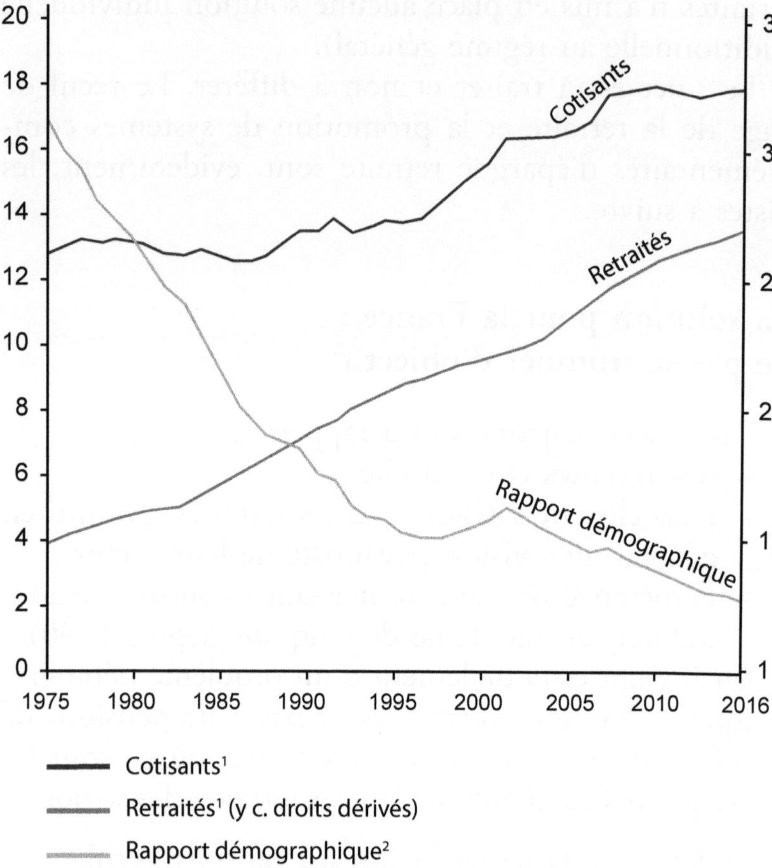

1. Effectifs au 31 décembre jusqu'en 1981, au 1er juillet à partir de 1982.
2. Nombre de cotisants rapporté au nombre de retraités.
Champ : France métropolitaine.

Source : Cnav.

Le nombre des retraités augmente (——). Celui des cotisants stagne depuis dix ans (——). Le rapport cotisants/retraités est en chute libre (——).

Mais les réformes indispensables pour adapter notre système à cette « nouvelle donne » ont été l'objet d'abord du déni public puis de mesures insuffisantes et, dans certains cas, mal orientées.

Le financement public de nos systèmes de retraite (publics et privés) est un des plus coûteux d'Europe (il absorbe 14,6 % de notre PIB en 2018, contre 10,8 % pour l'Allemagne et 11,3 % pour la moyenne de l'Union européenne[1]), alors que la durée moyenne des cotisations est la plus faible (graphiques 17 et 18).

Un objectif modeste consisterait à ramener les dépenses-retraites à 12,2 % du PIB, ce qui nous rapprocherait de la moyenne de la zone euro.

Pour le réaliser, il existe trois voies possibles :

- Augmenter les cotisations sur les actifs. Mais cette solution – à laquelle on a trop recouru – est à proscrire : elle ne peut que charger davantage les entreprises et les cotisants individuels, avec des conséquences dommageables sur la compétitivité et donc un accroissement du chômage[2]. Elle est aussi de nature à exacerber les tensions intergénérationnelles – ce qui est contraire à l'esprit qui devrait présider à la réforme.
- Faire baisser le taux de remplacement[3] par des réductions de retraites programmées ou en laissant jouer sur

1. Source : Union européenne-Comité de politique économique.
2. La part des employeurs français dans le financement des cotisations sociales est la plus élevée de la zone euro (11,5 % du PIB contre 6,8 % en Allemagne, 9,3 % en Italie…).
3. Taux de remplacement : rapport entre pension et salaire net moyen de fin de carrière. Le taux de remplacement médian s'élève en France à 75 % pour les personnes ayant effectué une carrière complète.

Graphique 17. Notre régime de retraite est un des plus coûteux du monde

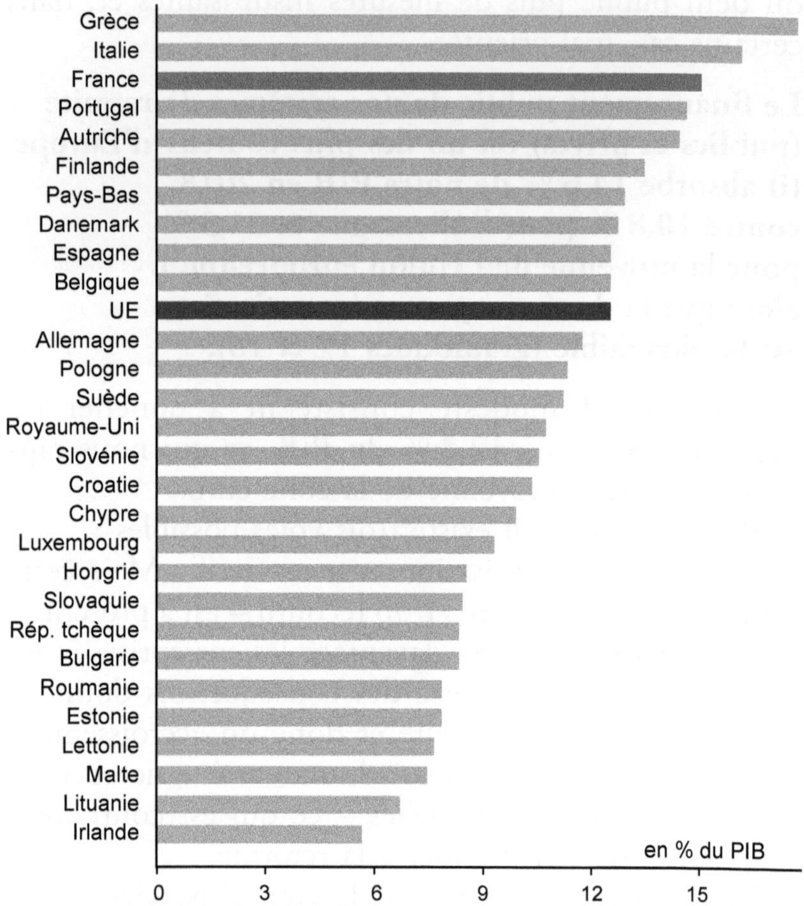

Source : Eurostar, 2018.
Dépenses de pensions dans l'Union européenne en 2016.

le long terme la réforme de 1993 réalisée par le gouvernement Balladur, qui avait substitué les prix aux salaires comme élément d'indexation des retraites. Cette deuxième méthode – à elle seule – ne conduirait à l'équilibre des

Graphique 18. Durée moyenne de cotisation, 2070 en années

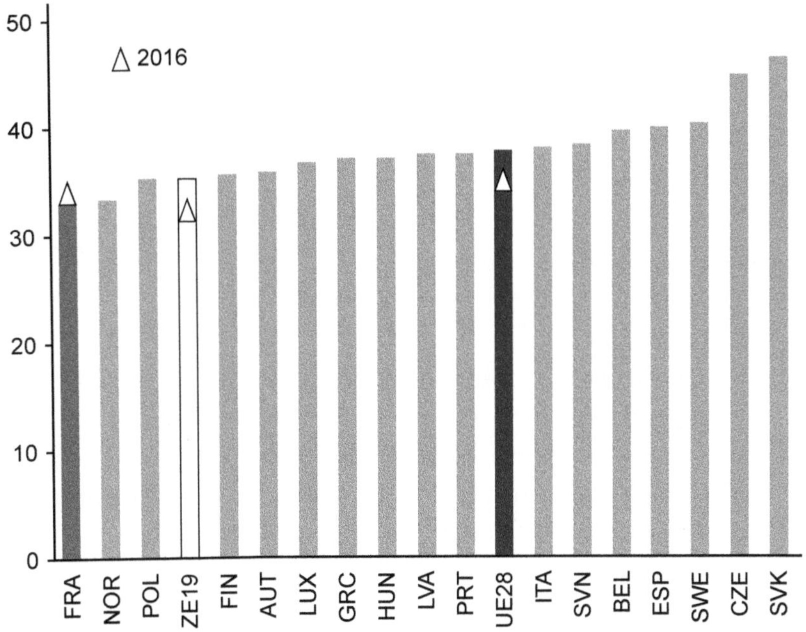

Source : OCDE – Études économiques France 2019.

régimes de retraite qu'en 2050-2060[4], dégageant au total une baisse de 20 % du taux de remplacement. Mais il faut, évidemment, agir plus vite si l'on entend se rapprocher de la moyenne européenne sur cinq ans.

• Pour éviter une chute trop prononcée, à terme, du taux de remplacement, ce qui est socialement souhaitable, il faudra donc impérativement allonger l'âge de départ en retraite, *quitte à négocier des accords sur la pénibilité de certains métiers, notamment pour les personnes qui*

4. Selon le scénario central, trop optimiste, du Conseil d'orientation des retraites (COR).

commencent très tôt leur vie professionnelle. Jusqu'à présent les mesures prises en ce sens (âge minimal de départ ou âge nécessaire pour bénéficier du taux plein) ont été modestes (quinze mois d'équivalent-allongement sur cinq ans). *Si l'on retient l'économie en termes de PIB évoquée ci-dessus, il faudrait programmer d'aller graduellement au moins jusqu'à 65 ans, voire au-delà, en s'inspirant de ce que font nos voisins, ce qui serait cohérent avec l'allongement de l'espérance de vie en bonne santé des seniors aujourd'hui.*

> Il est à observer, en effet, que tous les pays européens – qui connaissent la même évolution démographique de base – ont porté l'âge légal de la retraite à 65 ou 67 ans. Nous sommes le seul pays à avoir maintenu l'âge de départ à 62 ans.

Augmenter de trois ans au moins la durée de la vie active apparaît donc comme la seule manière, sinon de résoudre complètement le problème, mais du moins d'en traiter l'essentiel. Il serait honnête de l'expliquer. La France souffre d'un effet de « tenaille démographique » dont elle ne peut sortir qu'en allongeant – du reste modérément – la durée du travail sur l'ensemble de la vie active. C'est la condition nécessaire pour résoudre de manière « solidaire », entre générations, le problème français des retraites.

De ce point de vue, il ne faut pas se tromper de cible. Il y a, sans doute, d'autres sujets de préoccupation : le nombre élevé (une quarantaine) de régimes spéciaux, leur complexité, les inégalités qui en résultent. Mais il faut comprendre que ces sujets sont d'un ordre second.

Même si on parvenait à les résoudre en unifiant tous les régimes, ce qui prendrait, du reste, des années de négociations, on souffrirait encore de l'effet de « tenaille démographique ». *L'équilibre financier d'un régime unifié par points nécessiterait, de toute façon, si l'on voulait maintenir le taux de remplacement, l'allongement de la durée du travail* (comme on le voit en Suède ou en Italie, pays ayant opté pour le système des points et qui ont, tous deux, porté à 65 ans l'âge de départ à la retraite). Il faut ajouter que, malgré notre relativement bonne démographie, le poids de nos retraites projeté en 2060 continue d'augmenter (15,1 % du PIB contre 13,4 % en Allemagne et 12,9 % pour l'UE à 27 pays)[5].

Il semble donc que la priorité est de rétablir l'équilibre global du système, plutôt que de concentrer l'effort sur la recherche d'une solution unificatrice qui, par la force des choses, sera extrêmement complexe à réaliser. En effet, s'attaquer à 42 régimes différents ne peut que susciter une diversité et une intensité de revendications et d'oppositions à la mesure de la complexité du système : pratiquement chacun voudra conserver ses avantages et sera mécontent.

Il paraît plus sage de traiter, en premier, le vrai sujet du déséquilibre, celui de l'âge de départ et, dans un deuxième temps, de s'attaquer, si on le souhaite – ce qui peut, du reste, se discuter –, à la diversité excessive de nos régimes spéciaux.

Mais croire que la seule vertu d'une méthode (l'attribution uniforme de points de retraite en fonction des cotisations payées) et d'une formule mathématique

5. Source : Union européenne-Comité de politique économique : Projections de dépenses de pensions (scénario de base).

(le calcul périodique de la valeur des points – c'est-à-dire des pensions – en fonction des prévisions sur l'espérance de vie et sur l'évolution du PIB) puisse aboutir à l'équilibre du système par le miracle d'une sorte de « pilotage automatique » (qui se traduirait, de toute façon, par une augmentation du temps de travail nécessaire pour percevoir la retraite à taux plein) paraît une illusion surtout dans notre pays.

En effet, comment imaginer un instant que le jeu d'une formule mathématique puisse conduire, le moment venu, la population à accepter une baisse générale des retraites sans décision politique compensatoire ?

Même la Suède – qui a mis plus de dix ans à passer au régime des points – a dû « compenser » les baisses de pensions résultant du système en période défavorable tout en augmentant, en fait, l'âge de départ à la retraite. Mais la Suède pouvait le faire en utilisant les réserves financières considérables accumulées pendant les années démographiquement favorables.

Annoncer, comme l'ont fait des voix autorisées, que le point ne baissera jamais paraît contraire à l'essence du système proposé. En effet, si les conditions démographiques ou économiques se révéleraient négatives, la baisse du point serait mathématiquement inéluctable. Ou bien envisage-t-on que l'État assure, quoi qu'il arrive, l'équilibre financier ?

Donc, ne nous trompons pas de « lame de fond » : celle-ci est démographique et ne doit pas être masquée et différée par l'alibi d'une réforme unificatrice visant à moins d'inégalités.

*

Cet allongement de la vie active aurait non seulement le mérite d'améliorer sensiblement la situation financière des régimes de retraite (entraînant une baisse des dépenses de 0,15 point de PIB par an pour des départs à 63 ans et 0,55 point pour 65 ans), mais aussi des effets positifs sur l'activité économique et la croissance.

Parlons clair et cessons de considérer l'allongement de l'âge de la retraite avec un sentiment de culpabilité :

• Quand l'espérance de vie (de vie en bon état de santé) s'accroît considérablement, il est normal d'avoir à travailler un peu plus longtemps (c'est-à-dire de partager entre travail et retraite l'allongement de l'existence).

• Si l'on n'utilisait que le levier de la hausse des cotisations pour maintenir le taux de remplacement, cela conduirait à une augmentation massive de la charge des actifs et des entreprises qui serait socialement impossible à justifier du fait de la baisse du pouvoir d'achat qui en résulterait et économiquement désastreuse (9,5 points de cotisations supplémentaires !).

• N'utiliser que la baisse des pensions amènerait à réduire le taux de remplacement de 75 à 44 %, ce qui serait inacceptable.

Il n'y a donc pas d'autre choix que de centrer la réforme sur l'allongement de l'âge de départ à la retraite. Sinon, l'équilibre du système serait durablement et irrémédiablement compromis. Or personne ne le dit. On entretient le halo. La vérité est pourtant simple. Si on ne retarde pas l'âge de la retraite, le niveau de vie des retraités diminuera automatiquement.

Mais on en est arrivé en France à un point de désinformation tel que toute solution susceptible d'améliorer l'équilibre financier du système est considérée *a priori* comme forcément mauvaise, alors que c'est la condition même de la survie du système par répartition.

*

Ayons la lucidité de reconnaître que pendant plus de trente ans la France a pratiqué une politique malthusienne en matière de retraites.

En abaissant l'âge de la retraite de 65 à 60 ans en 1982, nos dirigeants ont choisi par démagogie de laisser se détériorer l'équilibre à long terme du système.

Les mesures correctrices ont été essentiellement centrées sur les hausses de cotisations, hausses économiquement et socialement régressives.

On a fait croire aux Français que le slogan : « Il vaut mieux payer un retraité qu'un chômeur » était justifié.

En fait, il n'existe pas un « stock » fini d'emplois, qui serait à partager entre jeunes et retraités. Rien ne le démontre. Tout dépend de l'offre de travail, et donc de la santé des entreprises, de l'état de l'économie, des qualifications professionnelles et de la flexibilité du marché de l'emploi.

Or la réduction de la durée totale du travail, à laquelle la France a procédé, a été essentiellement financée par les entreprises. Ces hausses, en surchargeant les prélèvements obligatoires, ont dissuadé les entreprises d'embaucher. D'où la nécessité, reconnue par l'État, de réduire les charges patronales afin de limiter les coûts des entreprises.

Au total, les jeunes sont restés à la porte du marché du travail, tandis que les seniors profitaient, contre toute justification démographique, d'un allongement de leurs années de retraite.

Les jeunes – les plus vulnérables – ont été les victimes de cette politique, soi-disant « sociale »…

*

La méthode, simple, proposée ici (porter l'âge de départ à 65 ans au moins, y compris pour les régimes spéciaux) aurait trois avantages majeurs :
1. Elle a une justification évidente et facilement compréhensible : « Quand on vit plus longtemps, il est normal de travailler un peu plus. »
De ce fait, pour équilibrer le système menacé par la baisse du nombre des actifs et la hausse des effectifs des retraités (dues à l'avancement en âge des baby-boomers), elle est susceptible d'être mieux acceptée qu'une réforme extrêmement complexe impliquant chaque régime et où toutes les arrière-pensées sont en permanence au rendez-vous de la négociation.
Personne ne peut nier non plus que l'allongement de la vie active avant le départ en retraite est une mesure que tous nos voisins ont adoptée sans drame.
2. Elle aurait le mérite d'apporter – dès sa mise en œuvre – un allègement substantiel à notre système qui est le plus onéreux d'Europe.
Cette considération est rarement évoquée. Or la mesure préconisée fournirait une réponse rapide – certes non suffisante mais significative – au problème budgétaire grave et persistant évoqué au Chapitre III. Rejeter toute réforme se traduisant par une réduction du déséquilibre financier de notre système de retraites, paraît irresponsable.
3. Elle renforcerait la solidarité intergénérationnelle et, par là même, la cohésion sociale.

Est-il normal que la hausse des contributions à notre système des retraites repose sur les seuls plus jeunes ? Qui comprendrait que les seniors – vivant plus longtemps – ne soient pas associés à l'objectif national de la préservation de notre système de retraites ?

Or le gouvernement propose une réforme beaucoup plus ambitieuse : celle de l'unification – par un système de points – de nos régimes particuliers, inévitablement sources d'inégalités. La réforme comporte des aspects redistributifs significatifs (assurer une retraite minimum équivalente à 25 % du Smic net ; majorer les droits à la retraite de 5 % par enfant dès le premier enfant contre 10 % actuellement pour les familles de trois enfants et plus ; assurer 70 % de pension de réversion, réduire les retraites des cadres supérieurs…).

Même si certains peuvent saluer cette volonté de réduction des inégalités, on doit évaluer les conséquences de cette réforme.

1. Le coût global du système risque d'être alourdi.

En effet, chaque régime va défendre ses avantages acquis. Si tous les avantages spécifiques étaient préservés, il s'ensuivrait automatiquement un relèvement général des coûts en raison de l'unification, « par le haut », de tous les régimes.

On commence déjà à entendre les protestations des futurs « perdants » et les récriminations contre les « gagnants ». Autant le « nivellement des avantages par le haut » est populaire, autant l'harmonisation par le bas est insupportable.

2. La fin des avantages « anormaux » des régimes spéciaux, entraînée par l'unification des régimes.

Bien qu'elle soit souhaitable sur le plan des principes, on a vu que l'élimination des « régimes spéciaux » provoque des mouvements sociaux de grande ampleur. Mais si l'on devait trop atténuer cette « normalisation » des aspects injustifiés des régimes spéciaux (en conservant une partie très substantielle des avantages acquis) ou si l'on se résignait à la reporter très loin dans le temps, on risquerait d'aboutir à une solution inégalitaire : un régime général unifié (applicable en 2037 aux pensionnés nés après 1975) coexistant avec des régimes spéciaux dont la normalisation serait reportée de plusieurs décennies, dans la mesure où elle ne toucherait, à partir de 2042-2047, que les futurs entrants nés après 1980 ou 1985.
La réforme serait alors difficile à justifier.

En effet, l'effort d'unification et de disparition des avantages spéciaux jugés injustifiés serait reporté sur les seuls jeunes de demain alors que les actifs et les seniors d'aujourd'hui en seraient exemptés, ce qui n'apparaît pas comme un modèle d'équité sociale et d'équilibre intergénérationnel... (mais il est vrai que le vote des « jeunes de demain » n'est pas encore source d'inquiétude...).

3. L'État risque d'être le compensateur ultime.
On commence déjà à soutenir que l'État pourrait prendre en charge telle ou telle conséquence de la réforme (par exemple : les primes des fonctionnaires qui n'ouvrent pas les mêmes droits à retraite que les traitements de base). Certains suggèrent que les employeurs publics – l'État – prennent en charge la « surcotisation » sur ces primes...
4. Étant donné l'extrême difficulté d'une telle négociation, et l'hypersensibilité des adhérents de chaque régime au

maintien de leurs avantages (souvent acquis au prix d'une longue histoire vécue en commun et grâce à des cotisations élevées, et dont aucun assuré n'envisage que les réserves accumulées par certains de leurs régimes puissent être transférées au régime général), la mise en œuvre de la réforme – si elle était même possible – mettrait de nombreuses années avant d'aboutir. Il est probable aussi, comme on l'a vu, qu'elle se traduise par une aggravation du déséquilibre financier du système[6].

Un mot ici sur les réserves financières prévues par le projet de réforme : ces réserves joueraient un rôle essentiel pour amortir des évolutions négatives sur le plan démographique ou économique afin de garantir la valeur du point et lisser les effets du cycle économique. Mais cela implique que l'essentiel des réserves existantes constituées par les caisses actuelles en excédent soit transféré à un fonds de réserve universel… On devine la difficulté de cette « nationalisation » et de cette mutualisation des réserves. Il serait sage de ne pas prêter le flanc à la critique d'un État « mettant la main » sur 170 milliards d'euros de réserves pour assurer le financement de la réforme…

5. Enfin, l'incitation à se constituer des retraites complémentaires par capitalisation n'apparaît pas au centre de la réforme.

Or c'est un point essentiel.

Étant donné les incertitudes qui pèsent sur les régimes de retraite (notamment du fait de l'évolution démographique et du déclin du nombre des actifs) – incertitudes dont le COR (Comité d'orientation des retraites)

6. Et cela d'autant plus que la notion d'« âge-pivot » à 64 ans (clé, disait-on, de l'équilibre financier) semble avoir disparu…

a récemment souligné l'aggravation –, il paraît sage d'encourager fiscalement la constitution d'instruments d'épargne retraite destinés à compléter les régimes généraux et à aider les retraités à maintenir, après leur vie professionnelle, des conditions de vie acceptables.

Là semble être la vraie réforme pour notre pays : ouvrir davantage la porte à des formes additionnelles – libres, voire obligatoires – de retraites par capitalisation. Comme nos voisins, il faut diversifier le financement de nos retraites.

C'est que la retraite par capitalisation, malgré les déboires qu'elle a connus du fait de la grande inflation d'avant et d'après-guerre, présente des vertus.

L'idée de faire contribuer les travailleurs, par une accumulation d'épargne, à la constitution d'une partie de leur retraite future présente, en effet, au moins trois avantages :

1. Elle intègre le système des retraites dans le devenir économique et social de la nation. C'est le propre du capitalisme que de permettre la mise en réserve des revenus perçus sur une épargne constituée au fil des ans et d'en monétiser les revenus futurs à partir d'un capital accumulé. De ce point de vue, la capitalisation offre une solution très pragmatique au problème de l'équilibre d'un système de retraites : tout système (quelles qu'en soient les modalités y compris la répartition) ne peut être, en fin de compte, que le reflet de la destinée économique d'une nation.

2. Elle contribue à développer l'épargne et, pour peu que celle-ci soit mieux canalisée vers les emplois longs et productifs (c'est là que réside la faiblesse de notre

assurance-vie), cela ne pourra que favoriser les investissements en capital-actions et donc la croissance potentielle de notre économie qui est trop pauvre en fonds propres et trop dépendante de la dette.
3. Elle complète les systèmes par répartition au moment où ceux-ci sont affaiblis par l'évolution démographique.

Sans contester l'avantage clé de la répartition, qui est de souder le sort des différentes générations en une solidarité commune, il est, néanmoins, important d'en souligner la faiblesse. Celle-ci tient au fait que son équilibre repose sur le rapport entre le nombre de cotisants et celui des retraités.

Or ce rapport ne dépend pas des caractéristiques techniques des régimes.

Il dépend de l'évolution démographique.

La loi Pacte répond, certes, en partie à la préoccupation exprimée ici en offrant des gammes variées de placements constituant les retraites complémentaires. Mais on peut avoir des doutes – ne serait-ce que du point de vue de notre attractivité – sur l'idée de compter sur la baisse, programmée, des pensions des cadres pour créer cette incitation à se doter d'une retraite complémentaire.

De fait, deux éléments envisagés par la réforme sont de nature à pénaliser les cadres supérieurs :
1. Le passage du calcul de la retraite sur la base des rémunérations des vingt-cinq dernières meilleures années (système actuel) à un système basé sur toute la carrière amoindrirait inévitablement les retraites des cadres et, en particulier, les retraites de ceux qui ont bénéficié de « carrières ascendantes » (au profit des carrières moins dynamiques).
2. Le fait que les cadres supérieurs gagnant plus de 8 000 euros par mois ne pourraient plus cotiser au-delà de

120 000 euros bruts par an (soit 3 fois le plafond de la sécurité sociale) *réduirait automatiquement leur retraite* (le système actuel leur permet de cotiser jusqu'à 320 000 euros par an). De plus, ils seraient « taxés » à 2,81 % sur la partie de leurs salaires qui dépasse 120 000 euros par an... (sans aucune incidence positive sur leur retraite).

On voit, par cet exemple des cadres – utilisés pour assurer une certaine redistribution entre hauts et bas salaires –, combien la réforme est problématique.

On peut se demander, à cet égard, s'il ne serait pas plus « transparent » et plus conforme au système des points d'effectuer cette redistribution par la voie fiscale (IRPP) plutôt que de jouer avec les retraites (alors que la réforme insiste sur l'universalité du système : chaque heure travaillée créant un même nombre de points).

Et le fait que la puissance syndicale dans certains régimes spéciaux soit un des critères de « l'acceptabilité » des sacrifices entraînés par la réforme et son calendrier jette une lumière particulière sur ce débat.

Il faut encourager l'épargne retraite complémentaire

En vérité, il faut créer une véritable épargne retraite complémentaire en France.

En France, la présence d'un système de retraite par répartition relativement généreux n'a pas incité les ménages à constituer une véritable épargne retraite complémentaire de manière volontaire et significative.

Et l'on peut craindre que cette situation ne s'aggrave avec la création d'un système de répartition universel.

Avec un taux d'épargne s'élevant à 14,8 %[7] du revenu disponible brut, les ménages français épargnent plus que dans la plupart des autres pays d'Europe.

Le taux d'épargne moyen dans l'Union européenne est, en effet, moins élevé (10,9 %) et il est beaucoup plus faible dans certains pays comme l'Espagne (7,2 %) ou le Royaume-Uni (6,5 %).

Cependant, l'épargne retraite complémentaire facultative ne constitue qu'une faible part de cette épargne totale (qui comprend à la fois l'épargne financière et l'épargne non financière) pour plusieurs raisons :

1. L'investissement immobilier s'est développé avec la baisse des taux offerts sur les crédits immobiliers. Selon l'Insee, le patrimoine financier, qui représentait la moitié du patrimoine total des Français au début des années 2000, n'en représente plus que 40 % aujourd'hui.

2. En raison notamment des avantages fiscaux offerts, l'épargne financière des ménages français est en très grande partie concentrée sur des supports liquides et peu risqués comme les livrets d'épargne réglementés ou les contrats d'assurance-vie en euros.

3. Peut-être par manque de culture et de connaissance financière, les ménages français ont tendance, depuis longtemps, à être averses au risque. Cette aversion pour le risque s'est sans doute accentuée après les crises financières majeures qui ont marqué le début de ce siècle.

7. Taux d'épargne brut sur douze mois cumulés à fin juin 2019. Source : Eurostat, calculs OEE (Observatoire de l'épargne européenne).

Au total, on estime l'encours des produits d'épargne retraite complémentaires (professionnels et personnels) à 229 milliards d'euros[8]. *Cela représente seulement 5,4 % du patrimoine financier des ménages français* hors actions non cotées contre 17,8 %[9] pour les produits d'épargne réglementés et 38,9 % pour les contrats d'assurance-vie en euros.

Si l'on se réfère au classement de l'OCDE, on voit que la France est très peu présente en matière de retraites privées complémentaires à celles du pilier général.

De fait, les statistiques de l'OCDE montrent que les actifs des fonds de pension ne représentent que 10 % du PIB en France contre 126 % en moyenne dans les pays de l'OCDE.

Ce qui veut dire que les retraites françaises sont extrêmement dépendantes[10] du système de répartition, lequel est pourtant soumis à de forts aléas économiques et démographiques.
Plutôt que se concentrer exclusivement sur l'aspect institutionnel de la réforme et amplifier cette dépendance à la répartition, il vaudrait mieux traiter les problèmes de fond et diversifier notre système vers l'épargne complémentaire.

---

8. Source : Direction de la recherche, des études, de l'évaluation et des statistiques, *Les Retraités et les retraites*, données 2017 (https://drees.solidarites-sante.gouv.fr/IMG/pdf/panorama-retraite-2019.pdf).
9. Source : Banque de France, calculs OEE (Observatoire de l'épargne européenne), *Placements et patrimoine des ménages aux second et troisième trimestres 2019*, données à fin juin 2019 (https://www.banque-france.fr/statistiques/epargne-des-menages-2019t2).
10. De fait, nos dépenses de retraite sont quasi exclusivement financées par la répartition. Le rendement de ce système est moindre que celui de pays disposant

Nous aurions, de la sorte, un fondement plus robuste à notre régime[11].

Dans le cadre professionnel, il s'agit essentiellement du PERCO[12] et des contrats type « article 83 », « article 39 » et « article 32 » du Code général des impôts pour les salariés et des contrats type « Madelin » pour les indépendants. Dans le cadre personnel, il s'agit des PERP et assimilés.

Évolution de l'encours des produits d'épargne retraite supplémentaires détenus par les ménages français (en milliards d'euros)

	2012	*2013*	*2014*	*2015*	*2016*	*2017*
PERP et assimilés	37	41	43	46	49	51
Produit pour les indépendants	32	36	38	41	43	46
Produit pour les salariés (hors Perco)	97	100	104	108	113	116
Perco	7	9	10	12	14	16
Ensemble des dispositifs	*172*	*184*	*195*	*207*	*219*	*229*

Source : Direction de la recherche, des études, de l'évaluation et des statistiques, AFG, FFA.

À titre de comparaison, au Royaume-Uni, les avoirs des ménages détenus auprès de fonds de pension représentent 48,6 %[13] de leur patrimoine finan-

de mécanismes additionnels d'épargne retraite. Le manque à gagner serait, selon certains calculs, en moyenne d'environ 1/5 des retraites versées.

11. OCDE, *Pensions at a Glance 2019* (https://www.oecd.org/publications/oecd-pensions-at-a-glance-19991363.htm).

12. La loi Fillon de 2003 cherchait à encourager les particuliers à se constituer une épargne en vue de leur retraite. Deux dispositifs étaient prévus :
- le Plan d'épargne retraite populaire (PERP) sous forme de versements à un compte individuel avec obtention d'une rente au moment de la retraite ;
- le Plan d'épargne retraite collectif (PERCO) qui permet aux salariés de se constituer, avec l'aide financière de leur entreprise, une retraite additionnelle sous forme de rente ou du versement d'un capital au moment de la retraite.

13. Source : Eurostat, calculs OEE (Observatoire de l'épargne européenne). Données à fin 2018.

cier hors actions non cotées. Cette part importante au Royaume-Uni s'explique en grande partie par les faibles prestations offertes par le système de retraite publique. Toutefois, dans les autres pays d'Europe, où le système par répartition est également présent, les avoirs des ménages détenus auprès des fonds de pension restent plus élevés qu'en France. En Allemagne, ils représentent 14,2 % du patrimoine financier des ménages, en Espagne 8,4 % et en Italie 7 % (contre 5,4 % en France).

Avec la loi « Pacte », l'offre de produits d'épargne retraite complémentaires est simplifiée et les différents produits existants sont amenés à disparaître pour être regroupés en un seul produit, le nouveau plan d'épargne retraite (PER) qui peut être souscrit dans un cadre professionnel ou personnel et qui est proposé aux épargnants depuis le 1er octobre 2019.

Si cette démarche est susceptible d'inciter les ménages à constituer plus d'épargne retraite complémentaire, en simplifiant l'offre, en apportant de la visibilité et en offrant plus de flexibilité, il reste que l'objectif annoncé par le ministre de l'Économie et des Finances de porter l'encours de l'épargne retraite à 300 milliards d'euros d'ici la fin du quinquennat apparaît modeste, en comparaison de ce qui est observé dans les autres pays. Il faudrait sans doute un abondement de l'État (au moins pour les revenus moyens), comme cela a été effectué en Allemagne avec les plans Riester, pour que le nombre de souscripteurs et les encours décollent.

*

En conclusion, deux points ressortent :

1. *Étant donné l'urgence d'améliorer l'équilibre financier de notre système de retraites, il ne semble pas justifié de vouloir s'obstiner à être* le seul *pays européen à échapper à la norme générale de départ à la retraite à 65 ans au moins* (il ne suffit pas qu'une mesure contribue à l'équilibre du système pour qu'elle doive être automatiquement écartée). La situation budgétaire est telle que l'acceptation de cette norme apparaît comme un impératif national urgent. Du reste, l'allongement de la vie la rend compréhensible par tout un chacun, alors que la recherche d'une unification de tous les régimes apparaît comme un facteur de division.

2. *Étant donné les incertitudes sur les futures retraites par répartition dans un monde vieillissant, il convient d'inciter nos compatriotes à se constituer des retraites complémentaires.*

Selon une étude de 2019 réalisée par l'Autorité des marchés financiers (AMF), pour 71 % des Français interrogés, le fait de pouvoir disposer, à titre complémentaire, d'un capital en vue de la retraite, constitue une préoccupation importante. 53 % épargnent déjà en vue de leur retraite (contre 48 % en 2017). Cette épargne n'est pas négligeable (2 300 euros par an en moyenne). Mais la moitié des 53 % qui épargnent pour leur retraite estiment que le niveau atteint n'est pas suffisant.

Quelques données mises en relief par un récent rapport du Groupe des Trente[14] méritent d'être rappelées pour leur simplicité, leur bon sens et leur réalisme.

---

14. *Fixing the Pension Crisis : Ensuring Lifetime Financial Security*, Washington, Groupe des Trente, 2019.

1. *Les régimes des retraites constituent des systèmes à « somme nulle » :* l'offre de biens susceptibles de faire vivre la population est fixe (elle évolue en proportion de la croissance), et ce que la nation emprunte, le cas échéant, pour financer la consommation courante devra, un jour, être repayé grâce à la production future.
2. *Les régimes de retraite par répartition sont affectés par le profil des différentes catégories d'âge.* Ils doivent veiller à ce que les productions générées par la population active soient, en tout temps, suffisantes pour assurer la consommation de l'ensemble de la population.
3. *La démographie agit par deux facteurs :*
   - la longévité (combien de temps vit la population ?) : l'espérance de vie à la naissance est passée de 47 ans en 1950 à 65 ans en 1995 ;
   - la fertilité (à quel taux la population se reproduit-elle ?).
4. *Ce que l'on appelle le taux de dépendance* (pourcentage de retraités par rapport à la population active) dépend lui-même : de la longévité (relativement aisée à prévoir) et de la fertilité (plus incertaine à moyen terme). Les cas du Japon et des États-Unis sont emblématiques :
   - le Japon, avec un taux de fertilité très bas de 1,41 et une longévité élevée, connaît un taux de dépendance important de 52 % ;
   - ce qui se compare aux États-Unis, dont le taux de fertilité est de 1,89 et le taux de dépendance de 28 % seulement.
5. *L'âge de départ à la retraite constitue un facteur clé du taux de dépendance.* Ainsi, en Europe, si l'âge de départ en retraite était fixé à 65 ans en moyenne, le taux de dépendance s'établirait à 61 %. Mais si l'âge de la

retraite était repoussé à 70 ans, le taux de dépendance tomberait à 50 %.

6. *Bien que la littérature ne soit pas claire sur ce sujet, il semble qu'une population vieillissante soit moins innovante qu'une population plus jeune.* La productivité s'en ressent. Or la productivité joue un rôle majeur dans la croissance potentielle et donc dans l'équilibre des systèmes de retraite.

7. *Le retour sur investissements.* Le retour sur du capital accumulé peut être :
- collectif (si le capital-retraite est réparti dans des organismes de capitalisation au profit de l'ensemble des retraités) ;
- individuel (si les flux de retour concernent les placements des individus).

À cet égard, la baisse des taux d'intérêt réels a considérablement affecté la profitabilité des institutions de retraite et poussé à la création d'organismes à « contributions définies » (au détriment des organismes à « prestations définies »).

8. *Reconnaître la réalité.* Étant donné le vieillissement de nos populations et la faiblesse – structurelle – des gains de productivité à venir, le statu quo des retraites ne peut subsister. Les retraites d'aujourd'hui ne pourront donc pas être maintenues si les populations veulent conserver la durée actuelle du travail ainsi que le montant de leurs cotisations. Il faudra donc (en l'absence d'une « capacité fiscale » à financer l'écart) s'adapter aux réalités en combinant :
- l'augmentation de la durée du travail et en repoussant l'âge de la retraite ;
- les incitations à épargner davantage ;

– l'acceptation d'une certaine réduction du montant des pensions (au cas où les deux éléments précédents s'avéreraient insuffisants).

9. Répartir le coût des aléas de l'espérance de vie. Les « risques » financiers inhérents à un allongement de l'espérance de vie *avant* le départ en retraite devraient être pris en charge par les retraités (système des points par exemple). Ces derniers peuvent décider de travailler plus longtemps pour y parvenir. Quant aux risques encourus au titre de l'espérance de vie *après* le départ en retraite, ils peuvent être lissés par les pouvoirs publics (à l'aide, si possible, d'excédents accumulés dans les années favorables).

*10. L'écart global (*global gap*) risque d'être considérable.* Sur un plan mondial, l'insuffisance de refinancement des régimes de retraite s'établit actuellement à 1 trillion de dollars. En 2050, le déficit pourrait atteindre 15 trillions (à politique monétaire inchangée).

Cette détérioration majeure est influencée par deux facteurs principaux :

– l'évolution du taux de dépendance ;
– les bas taux d'intérêt et leur persistance.

*

En résumé, deux points ressortent pour nous de cette analyse :

1. Étant donné l'urgence d'améliorer le lourd déséquilibre financier de notre système des retraites, il ne semble pas justifié de vouloir être le seul pays européen à échapper à la norme générale de départ à la retraite à 65 ans au moins. Notre situation budgétaire est telle

que l'acceptation de cette norme apparaît comme un impératif national urgent. Du reste, l'allongement de la vie la rend compréhensible par tout un chacun, alors que la recherche d'une unification de tous les régimes apparaît comme un facteur de divisions.
2. Étant donné les incertitudes sur les futures retraites par répartition dans un monde vieillissant, il convient d'inciter davantage nos compatriotes à se constituer des retraites complémentaires.

*

Les comptes du système des retraites sont sévèrement affectés en 2020 par la crise du Covid-19. Ils pourraient afficher un déficit de 29,4 milliards d'euros (contre – 4,2 prévus avant la crise). Cette détérioration majeure résulte de l'effondrement des contributions au système, dû à l'augmentation du chômage lié au Covid. Au total, la masse des rémunérations versées en 2020 pourrait baisser de 8,5 %, réduisant d'autant l'assiette des cotisations-retraites.

Plutôt que de s'obstiner dans une négociation hasardeuse et très probablement coûteuse pour égaliser la gestion des quarante régimes existants, l'urgence est de couper court à l'hémorragie en prenant la seule mesure qui soit à la fois efficace à court terme et compréhensible : augmenter l'âge de départ en retraite pour tenir compte du vieillissement de la population et de la nécessité – reconnue par tous nos voisins – de rééquilibrer les comptes.

CHAPITRE VIII

La France est-elle inégalitaire ?

La France est très loin d'être un pays « inégalitaire », si l'on en croit les classements internationaux.

Selon les coefficients de Gini[1] (qui évoluent entre 0 – où tout le monde dispose du même revenu – et 100 – quand une personne a tous les revenus) la France, à 29,1 (après impôts et prestations sociales), se situe parmi les pays les moins inégalitaires (contrairement à des pays comme les États-Unis et la Grande-Bretagne, dont le coefficient est de 35). Nous nous situons bien par rapport à la moyenne européenne qui est de 30,8.

Mais cette vue statistique de la répartition des revenus ne permet pas vraiment de rendre compte de la complexité du phénomène français et de sa dynamique.

1. Depuis 2008, l'augmentation des revenus par tête a décroché en France.

Le Graphique 19 montre que, sur une base 100 en 2001, le PIB par habitant représente aujourd'hui 112 contre 122

1. Le coefficient Gini est un indicateur synthétique permettant de rendre compte du niveau d'inégalité d'une variable donnée (salaire, revenus, patrimoine...) dans une population donnée. Il a été développé en 1912 par le statisticien italien Collado Gini.

en Allemagne comme aux États-Unis. Par tête, la progression des revenus réels en France a donc perdu 10 % par rapport à celle observée chez nos meilleurs compétiteurs.

De fait, entre 1975 et 2012, la France a vu son PIB par habitant progresser moins vite que la moyenne des pays de l'OCDE.

Graphique 19. Le PIB par tête fléchit en France depuis 2000 par rapport à l'Allemagne

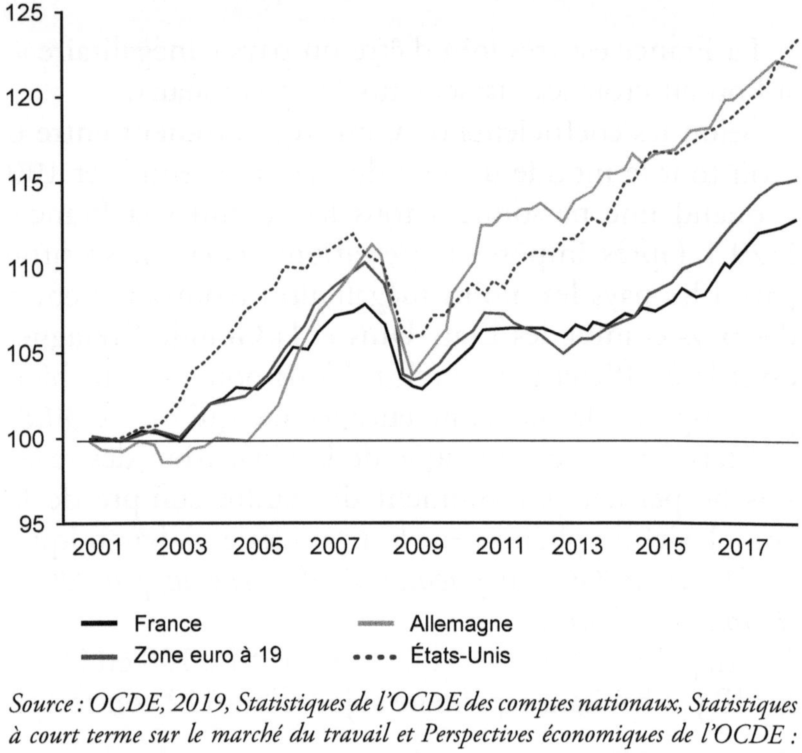

Source : OCDE, 2019, Statistiques de l'OCDE des comptes nationaux, Statistiques à court terme sur le marché du travail et Perspectives économiques de l'OCDE : statistiques et projections.

(1) En USD-PPA constant de 2010.

(2) La lente progression des revenus, la faiblesse de l'emploi et l'ampleur de la dette publique constituent des enjeux essentiels.

La position de la France, située en 1975 au-dessus de la moyenne, est maintenant en deçà de la plupart des pays développés.

Les raisons de ce décrochage tiennent :

- à la démographie (la France compte davantage de moins de 15 ans) ;
- à la faible productivité ; cette dernière s'explique par : *la stagnation de la productivité* horaire face à *la poursuite du recul* des heures travaillées.

Au total, depuis une quarantaine d'années, la France présente un déficit annuel moyen de croissance du PIB par habitant de 0,4 point (par rapport à la moyenne de l'OCDE), l'explication tenant essentiellement à la réduction des heures travaillées.

C'est là une donnée essentielle : pour comprendre les inégalités, *il faut partir des revenus réels par tête.* Si ceux-ci décrochent des meilleures performances étrangères, le sentiment d'inégalité relative prévaudra sur le caractère relativement plus égalitaire de la distribution.

Si le pouvoir d'achat stagne, dans un environnement extérieur plus dynamique, le sentiment d'inégalité croîtra.

2. Corrélativement, on constate une détérioration marquée du niveau de vie de certaines catégories sociales.

Ainsi, le nombre de personnes en France ayant un niveau de vie inférieur au seuil de pauvreté (fixé à 50 % du revenu médian) s'est accru de 760 000 entre 2002 et 2009.

Plus récemment, on a constaté que le taux de pauvreté a augmenté, en 2018, de 0,2 point :

9,1 millions de Français vivent aujourd'hui sous le seuil de pauvreté (soit 14,3 % de la population selon les chiffres de l'Insee[2]).

Au cours de la seule année 2018, 200 000 personnes – dont le revenu est inférieur à 60 % du niveau médian – ont basculé dans la pauvreté (le niveau actuel de la pauvreté est le plus élevé depuis 1970).
3. L'indice Gini – qui mesure les inégalités – nous est relativement favorable, mais il a connu sa plus forte progression en 2018 du fait de la hausse des dividendes perçus après la mise en place du prélèvement forfaitaire dont ne bénéficiaient pas, en fait, les personnes considérées comme pauvres.
Il reste que le système fiscal d'État providence est fortement redistributif en France et limite les inégalités.

Le coefficient Gini, tel qu'il est calculé par l'Insee en France *avant redistribution*, est, en revanche, parmi les plus élevés (en grande partie du fait de notre taux de chômage). Avant redistribution, le niveau de vie des ménages du premier décile s'établissait à 3 260 euros par an. Après redistribution, le niveau de vie de ces ménages passe à 10 000 euros, alors que celui des ménages du 10e décile passe de 73 160 euros à 56 430 euros.

La redistribution est opérée en France par l'impôt (35 %) et par les prestations sociales (à hauteur de 65 %), ce qui est un facteur de stabilité sociale générale. En fait,

2. À la fin de 2017, on comptait 8,9 millions de Français sous le seuil de pauvreté (200 000 de plus en 2018).

si la redistribution est si considérable en France, c'est parce que les revenus perçus avant l'État Providence sont fortement inégalitaires. Or il vaudrait mieux avoir une structure de revenus plus homogène (comme aux Pays-Bas), ce qui permettrait de moins recourir à la redistribution. La sérénité sociale ne ferait qu'y gagner. Mais encore faut-il avoir pour ce faire une économie dynamique et performante...

Certes, le monde actuel est devenu très inégalitaire depuis quarante ans.

Les travaux de Branko Milanovic[3] le montrent clairement. Entre 1980 et 2016, le 1 % d'individus aux revenus les plus élevés a capté 27 % de la croissance des revenus mondiaux. De même, pendant la même période, le 1 % des personnes les plus riches a vu son patrimoine passer de 28 à 33 % de la fortune mondiale, tandis que la part possédée par les 75 % les moins bien lotis restait à 10 %. Ce phénomène a tendance à s'aggraver et à perpétuer les leviers d'influence politiques.

La France, grâce à un système redistributif puissant, s'est démarquée de cette poussée inégalitaire dont les États-Unis fournissent l'exemple le plus accusé.

Mais ce serait une grave erreur de s'en tenir là et de s'en satisfaire.

Il faut comprendre les faiblesses de notre système de répartition des revenus *avant* redistribution (cette situation dépendant, en fin de compte, de la capacité de l'économie à générer des revenus).

Il convient de ne pas perdre de vue :

---

3. Voir notamment Branko Milanovic, « The clash of capitalism. The real fight for the global economy's future », *Foreign Affairs*, janvier 2020.

1. Que notre faible productivité et notre relativement insuffisante croissance économique (liées aux handicaps décrits dans le présent essai) s'accompagnent d'une évolution très médiocre de nos revenus par tête, notamment chez les salariés.

2. Que les chômeurs – dont le nombre se réduit mais qui représentaient encore plus de 8 % de la population active (à la veille de la pandémie) – *voient se concentrer sur ceux d'entre eux qui sont de longue durée les problèmes les plus aigus.* Il en est de même pour les nouveaux arrivants – peu qualifiés – sur le marché du travail, qui ont du mal à décrocher un contrat, même à courte durée. C'est aussi le cas des familles monoparentales ou des foyers avec deux enfants et moins de deux Smic pleins…

3. Que la partie – certes minoritaire, mais ils sont tout de même plus de 9 millions – *de la population française qui vit en dessous du seuil de pauvreté ressent le fait que, depuis 2000, les plus pauvres continuent de s'appauvrir.* Entre 2003 et 2014, on a calculé que le niveau de vie de ces catégories a baissé de 30 euros par mois en moyenne, alors que le niveau de vie des 10 % disposant des revenus les plus élevés a augmenté de 272 euros par mois. Dans un pays où notre système efficace de protection sociale est considéré comme normal mais où les situations inégalitaires sont très sensibles, il ne faut guère s'étonner de l'émergence d'un mécontentement qui s'est manifesté au cours de la crise des Gilets jaunes.

4. Que notre système éducatif fait perdurer les inégalités existantes sans donner à chacun « sa chance » de s'élever dans la société (voir Chapitre II).

*

En fin de compte, le problème social ne peut se résoudre positivement, à long terme, que par l'existence d'une économie plus productive.

Or, force est d'admettre, comme le souligne l'OCDE, que l'écart de productivité entre les entreprises françaises et les entreprises mondiales les plus performantes s'est accentué. Tous les problèmes évoqués dans cet essai qui touchent à l'innovation, à la recherche, à l'éducation, à la formation, au redressement des marges des entreprises et à la réduction des prélèvements obligatoires, sont d'une importance majeure si l'on veut stimuler la croissance potentielle, la rendre plus inclusive et tirer parti de l'économie numérique.

À cet égard, le tableau synthétique élaboré par l'OCDE sur les « indicateurs de bien-être » donne à réfléchir (graphique 20). Ces indicateurs sont classés de 1 (meilleure performance) à 35 (moins bonne performance).

Graphique 20. Les indicateurs du bien-être donnent un tableau mitigé

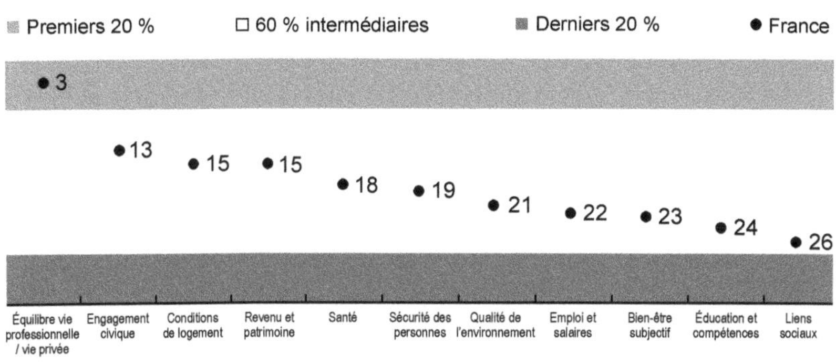

Source : OCDE (2017), Indicateur du vivre mieux.

La France se situe honorablement (13 à 19) sur l'engagement civique, le logement, la santé, la sécurité. Mais elle se situe médiocrement (20 à 26) sur l'emploi, le bien-être subjectif, l'éducation et les compétences, les liens sociaux.

Derrière ce rapport statistique, ne trouve-t-on pas en filigrane l'essence de la stratégie qui permettrait à notre pays de s'en sortir ?

*

Le Covid-19 a renforcé les inégalités.

La crise sanitaire a, en effet, accentué les clivages entre les personnes équipées pour le travail à distance et les autres. Le risque est de créer une nouvelle source d'inégalités entre les travailleurs.

On a observé que 50 % des cadres ont pu télétravailler, contre 1 % des ouvriers.

Par ailleurs, 45 % des artisans et des salariés du bâtiment ont vu leur situation financière se dégrader. Quant à la restauration, à l'hôtellerie, à l'événementiel et au transport, notamment aérien, ces activités sont sinistrées.

Par ailleurs, notre politique monétaire super-accommodante ne fait qu'accroître les inégalités.

Les bulles – immobilières ou d'actions – prolifèrent.

Avec la poussée de ces valeurs, les riches – qui les détiennent – deviennent plus riches.

Mais ceux qui n'en sont pas propriétaires sont laissés pour compte.

On peut ajouter que la crise du coronavirus a apporté une dimension nouvelle aux inégalités existantes avant la pandémie : celle de « l'injustice ressentie ».

Alors que les personnes équipées pour le télétravail étaient maintenues, parfois agréablement, à domicile, un grand nombre de salariés ont dû prendre le risque de « sortir » pour assurer la subsistance de l'ensemble des confinés.

Caissières et vendeurs de magasins d'alimentation, personnels hospitaliers, éboueurs, livreurs, boulangers, bouchers, transporteurs routiers… se sont exposés au virus. Leurs salaires, inversement proportionnels à l'utilité sociale de ces travailleurs, soulignent encore davantage le paradoxe social actuel :

- faiblesse des salaires de ceux qui maintiennent en vie notre société en cas de crise ;
- érosion continue, depuis deux décennies, de la part des salaires dans la valeur ajoutée.

Comment, dans de telles conditions, ne pas s'inquiéter de la poussée des partis populistes ?

CHAPITRE IX

Ne pas croire que tous nos problèmes seront réglés par la politique monétaire qui va être, pour longtemps, expansive

La Fed de St. Louis a calculé que le montant des bilans des banques centrales allait augmenter en 2020-2021 à un rythme plus rapide que jamais enregistré auparavant.

En pourcentage de PIB on aurait une véritable explosion de ces bilans :

	États-Unis	EU (BCE)	Japon	Royaume-Uni
2009	15 %	22 %	25 %	15 %
2019	20 %	39 %	100 %	28 %
2 sept. 2020	33 %	54 % (sept. 2019)	120 %[1]	34 %

(1) Sur le seul deuxième trimestre 2020, la Banque du Japon a augmenté la taille de son bilan à 120 % du PIB.

Les perspectives d'une normalisation graduelle de la politique monétaire, plausible jusqu'à

l'automne 2018, se sont dissipées. Les chiffres ci-dessus ne peuvent que s'accroître compte tenu des projets de budget pour 2021.

Face à la crise du coronavirus, toutes les banques centrales ont :

- apporté de la liquidité au marché ;
- accru leur soutien au crédit ;
- développé leurs programmes d'achats de titres qui facilitent la politique budgétaire des États en effaçant les *spreads* ;
- la Banque fédérale américaine et la Banque du Japon ont annoncé des achats illimités de bons gouvernementaux ;
- la Banque centrale européenne a lancé le Pandemic Emergency Purchase Programme (PEPP) de 1,35 trillion d'euros ajoutés au programme d'achats de + 120 milliards d'euros ;
- toutes ces banques centrales ont annoncé un programme d'achats de titres privés (*commercial paper, corporate bonds*) ainsi que, pour certaines, des facilités de prêts directs aux ménages et aux sociétés non financières.

Les banques centrales ont, en fait, décidé d'appliquer la méthode japonaise : *yield curve control* afin de peser à la baisse sur les taux longs et de les déconnecter de l'inflation, des risques et du déficit budgétaire.

Cette politique est plus facile à mener dans des pays comme les États-Unis, le Royaume-Uni et le Japon que dans la zone euro : en effet, la BCE n'est pas un Institut d'émission national, mais une institution multilatérale régie par un traité international où les États membres doivent trouver un terrain d'entente sur la question cruciale du clivage entre politique monétaire et politique « fiscale ». Entre des interventions ciblées – fussent-elles massives –, et une politique d'achats permanents conduisant à un changement majeur du bilan et du rôle de la politique monétaire, il y a une marge qui est loin d'être évidente. La récente décision de la Cour constitutionnelle de Karlsruhe est, à cet égard, un avertissement (voir page 80).

*

Ne nous leurrons pas : étant donné la gravité de la crise actuelle, il n'y avait guère d'autre solution que d'ouvrir les vannes de la liquidité pour éviter une catastrophe économique et sociale.

Mais il ne faut pas croire que la perpétuation de cette politique est *la* solution d'avenir.

Cette politique comporte, en effet, maints dangers dont il faut avoir conscience.

*

Considérer comme permanente la course à toujours plus de liquidités conduit à des impasses graves : en fait, des facteurs structurels (vieillissement, mondialisation des importations à base de bas salaires, progrès technologiques, modification des réactions des travailleurs face à l'emploi…) sont à l'œuvre, qui pèsent à la baisse sur l'inflation des biens et des services.

C'est cela qui explique que les banques centrales se sont trompées d'objectif en choisissant « un peu moins de 2 % » comme cible d'inflation. En effet, l'inflation d'équilibre (celle qui permet d'éviter à la fois l'hyperinflation et la déflation) est plutôt autour de 1 %. Mais l'obstination des banquiers centraux à essayer d'atteindre coûte que coûte le chiffre – arbitraire et irréaliste – de 2 % les conduit à une politique exagérément expansive[1].

Il faut comprendre que la donne a changé : la politique monétaire n'a plus d'effet notable sur l'évolution des prix des biens et services.

En revanche, elle a un effet direct sur le prix des actions et de l'immobilier.

Dans le même temps, les banques centrales ont, de fait, tenté d'assurer la solvabilité des États en acquérant systématiquement leurs obligations souveraines. La « solvabilisation » des États est devenue, même si on ne veut pas le reconnaître, un objectif (*fiscal dominance*).

J'ai montré plus haut que cette politique n'élimine pas, pour autant, la contrainte budgétaire.

Mais il faut souligner que la politique permanente de taux bas ou zéro qu'implique cette « solvabilisation » des États, comporte de graves inconvénients sur la croissance future.

• L'endettement indéfini des agents économiques qu'implique cette politique déstabilise le système financier, entretient des bulles spéculatives et favorise la survenance de crises.

---

1. Si l'objectif d'inflation avait été établi, de manière plus souple, entre 1 et 2 %, les banques centrales n'auraient pas éprouvé la nécessité de pousser la création monétaire pour le seul motif qu'on n'atteignait pas 2 %. Cela aurait évité les excès de liquidités et la fragilisation du système financier que nous avons connus depuis dix ans au moins.

• En effet, les taux zéro ou négatifs sont censés favoriser l'investissement productif qui est en déclin depuis plus de dix ans. *Mais la réalité est tout autre. Il a été démontré que les taux négatifs détournent les épargnants, particulièrement en Europe, d'investir à long terme et les incitent à conserver des liquidités*, forte tendance observée dans tous les pays européens. Si les banques centrales continuent à annoncer la permanence de taux zéro ou négatifs, il est maintenant avéré que l'investissement ne repartira pas. Comment catalyser les épargnants sur des projets d'avenir comportant leur part de risques si tout ce que l'on annonce aux prêteurs est une rémunération zéro ou négative[2] ?

Une politique dangereuse pour la croissance future et dont on ne peut sortir n'est pas une bonne politique. Toute stratégie doit comporter un élément de flexibilité qui permette de réagir aux événements.

L'impasse actuelle est éminemment dangereuse : continuer indéfiniment une politique d'aisance monétaire qui conduit à la décroissance, au déclin de l'investissement productif, à la hausse de l'endettement, à l'instabilité des marchés, aux bulles spéculatives et à la

2. M. Shirakawa, ancien Gouverneur de la Banque du Japon, analyse dans un article du 23 juillet 2020 les conséquences de la politique monétaire et budgétaire actuelle. Il démontre que si la politique de stimulation de la demande est prolongée trop longtemps, deux conséquences inévitables apparaissent : 1) l'anticipation de la demande future tend automatiquement à s'affaiblir avec le passage du temps ; 2) l'investissement productif – dont la profitabilité est remise en cause par les taux bas ou négatifs – décline, ce qui pénalise la productivité et la croissance future. Voir Masaaki Shirakawa, « Covid-19's staggering economic impact forces deep macropolicy rethink », *NikkeiAsia*, 29 juillet 2020.

survie d'entreprises zombies dopées par les bas taux… est une bien sombre perspective.

Si certains considèrent que c'est le prix à payer pour éviter d'avoir à traiter les problèmes de fond trop longtemps délaissés et pour laisser les États s'endetter « sans compter », ce n'est certainement pas la bonne manière d'envisager l'après-crise.

CHAPITRE X

Quelques éclairages en guise de conclusion

Il n'est pas dans mes intentions – ni surtout dans mes compétences – de fournir une explication historique, sociologique ou politique de ce « retard français ».

Cependant, quelques traits apparaissent à l'évidence.

Le centralisme administratif

Ce phénomène, qui remonte à l'histoire de notre monarchie, est bien connu.

La lutte de Richelieu contre les particularismes féodaux, le système administratif unique mis en place par Louis XIV (création des intendants chargés d'appliquer uniformément en province la politique de l'exécutif) ont abouti à une centralisation extrême.

L'idéal jacobin en a donné son fondement doctrinal : il fallait interdire les « corps intermédiaires » pour mieux fondre les citoyens dans le concept général de la « volonté du peuple ».

Tocqueville a montré que la Révolution et l'Empire avaient continué la tradition centralisatrice de la monarchie alors que la société française – de plus en plus individualiste – s'avérait incapable, parce que privée de corps intermédiaires, de s'opposer au pouvoir de l'État.

Il en est résulté une forte concentration de l'autorité au sein de l'exécutif, ainsi qu'un drainage vers Paris des élites et des richesses provinciales.

La configuration de notre réseau ferré est une illustration de ce phénomène centralisateur.

Nos chemins de fer ont adopté, dès leur création, au XIXe siècle, un modèle « en étoile ». Tout à l'opposé, en Angleterre, les voies ferrées reliaient les centres industriels entre eux et avec les ports. De même, dans les États germaniques, le développement du rail « en damier » permettait aux centres urbains de moyenne importance de devenir les « étoiles » d'un maillage local plus dense et plus homogène.

En France, au contraire, le système ferré partait de la capitale pour irriguer les provinces. Mais ce réseau « stellaire », tout en renforçant Paris, aboutissait à mettre au second rang les liaisons transversales et à pénaliser les petites villes qui n'avaient pas la chance de se trouver sur l'axe parisien.

Certes, depuis les années 1990 avec l'arrivée des trains à grande vitesse, et la décentralisation, la donne a changé et le maillage régional s'est développé grâce au TER. Mais il reste que l'empreinte, pendant un siècle et demi, d'un système en étoile dont Paris était le centre a eu des effets profonds – et négatifs – sur notre géographie économique : le fait, pour nombre de villes moyennes, de ne pas être directement reliées à des centres régionaux par le chemin de fer, a été un obstacle au développement de nos territoires et à l'intensité des « flux horizontaux ». Les études comparatives – notamment avec la Suisse ou l'Allemagne – sur la croissance des territoires et l'évolution des densités démographiques rurales montrent à quel point le centralisme du rail a été coûteux pour notre pays[1], alors que nos voisins n'ont pas subi ce handicap.

Le centralisme politique

Parallèlement, Paris devenait dominant sur le plan politique et culturel.

Ambroise-Marie Arnould, dans son livre *Système maritime et politique des Européens pendant le XVIIIe siècle* (1797), décrit avec une cruelle lucidité la complexité et la faiblesse du parisianisme.

Arnould explique que « les peuples français, dociles au joug, s'étaient pliés au caractère et aux exigences des différents rois »... Mais, ajoute-t-il, « on ne trouve dans leur histoire aucune époque où ils aient eu des idées véritables de bonheur public et d'une liberté civile qu'ils connaissaient assez peu... De là, leur enthousiasme continuel et le défaut de ce qu'on appelle à Londres "esprit public", expression vide de sens à Paris. [...] À peine les grands intérêts de la patrie sont-ils aperçus pour la première fois, que Paris devient une arène de

1. Voir Jean-François Gravier, *Paris et le Désert français* (1947), Flammarion, 1958.

gladiateurs au lieu d'une assemblée de citoyens. On voit les traces d'un peuple qui unit la férocité de l'homme sauvage avec tous les moyens de nuire de l'homme civilisé ».

Par opposition à cette France centralisatrice mais sociologiquement fragile et versatile, l'auteur évoque le pragmatisme des puissances maritimes et le développement de l'esprit provincial des États germaniques, confédérations composées d'une myriade de principautés jalouses de leurs traditions.

Ce phénomène d'un pouvoir exécutif fort et centralisé semble avoir été accentué par la réforme constitutionnelle de la Ve République.

Le présidentialisme – renforcé par la synchronisation des élections présidentielles et législatives – pourrait bien être, en définitive, un facteur de faiblesse pour l'exécutif. Ce système réduit, en effet, la possibilité d'une collaboration entre partis (voir, à l'inverse, les coalitions des pays germaniques et du nord de l'Europe qui peuvent faciliter la prise de décisions impopulaires). On pourrait soutenir que le Président français, fort de sa majorité mais isolé face à une opposition vouée à l'obstruction systématique, est souvent acculé à l'immobilisme ou à des solutions de facilité, tant l'audace des réformes – inévitablement impopulaires – risque de le déconsidérer ou de l'affaiblir dans l'opinion.

Il est de fait qu'en dépit (ou peut-être à cause ?) d'une Constitution privilégiant la stabilité et la primauté de l'exécutif, la France a moins bien performé – du point de vue de la stabilité monétaire, de la rigueur budgétaire et de la vigueur de son industrie – que nombre de pays européens comparables mais moins centralisés

(Allemagne, Pays-Bas, Belgique, Autriche, pays scandinaves…).

C'est, du reste, une erreur de croire que les États fortement centralisés sont toujours plus aptes à agir et plus prompts à réagir que les États fédéraux en cas de difficultés graves.

L'histoire montre qu'avec les exigences croissantes du consensus démocratique et la complexité du fonctionnement des sociétés modernes, la forme fédérale de gouvernement s'avère plutôt efficace :

- Les missions dévolues aux collectivités sont souvent mieux assumées par des échelons plus proches du terrain et des administrés que par de lointains fonctionnaires d'État.
- Les crises peuvent être amorties par des initiatives prises au niveau local, facilitant ainsi la tâche des autorités centrales.
- Le principe de subsidiarité – à la base de tout régime fédéral – selon lequel l'échelon supérieur est seulement responsable des missions que les autres collectivités ne peuvent remplir est, en général, une bonne méthode de gouvernance.

Le problème clé de l'excès des dépenses publiques

C'est ce problème qui résume peut-être le mieux notre retard.

Or la comparaison avec l'Allemagne concernant « l'excès » de nos dépenses publiques est riche d'enseignements.

Comme le remarque l'économiste Patrick Artus, l'explication des écarts est assez simple.

Reprenons sa démonstration.

L'ordre de grandeur du total des dépenses publiques rapportées au PIB est en moyenne :

– en France : de 54 % ;
– en Allemagne : de 44 %.

Sur ces 10 points d'écart, 3 points s'expliquent par des différences de définitions (certaines dépenses qualifiées publiques en France existent aussi en Allemagne, mais sont considérées comme privées : elles sont financées hors du budget mais pèsent également sur l'économie). Le présent ouvrage traite de ces différences méthodologiques et fournit une vue homogène des problèmes.

En fait, après correction, il reste environ 7 points de PIB d'écart résiduel, ce qui est considérable quand on cherche à comparer les compétitivités relatives de deux pays en union monétaire.

Deux constatations ressortent de cette analyse :

1. Des écarts relativement faibles (au total autour d'un point de PIB) concernant la santé, l'éducation, le logement, le marché du travail, l'investissement public et la défense[2].

2. Deux écarts sont, en revanche, très importants et expliquent la différence :

– les retraites (près de 4 % d'écart sur PIB) ;
– les salaires de la fonction publique (plus de 4 points d'écart), plus élevés en France en raison de nos

2. La défense représente 3,5 % du PIB pour la France contre 2,7 % pour l'Allemagne. Cet écart ne devrait évidemment pas être retenu comme négatif pour notre pays, dont la politique de défense est, en fait, au service de l'Union tout entière.

sureffectifs (voir au Chapitre IV, « La fonction publique pose problème »), ainsi que de la faible productivité de la fonction publique française (la productivité allemande dans la fonction publique serait supérieure à la nôtre de 50 %).

Il est donc impossible d'envisager un rattrapage de notre compétitivité par rapport à notre voisin d'outre-Rhin, sans traiter les deux grandes questions :
– le recul de l'âge de départ à la retraite ;
– l'amélioration de l'efficacité de notre appareil administratif.

Ces deux problèmes sont loin d'être impossibles à résoudre. Le centralisme politique et administratif ne saurait, à lui seul, expliquer et encore moins justifier ce qui est, en réalité, le signe d'une inaptitude à définir une stratégie et à gouverner.

Un décalage croissant et inquiétant

Face aux défis structurels auxquels sont confrontés l'ensemble des pays dits « avancés » (vieillissement démographique, réduction des gains de productivité, baisse des salaires mondiaux du fait de la globalisation, réchauffement climatique, transition énergétique...), la France a eu tendance (davantage qu'ailleurs) à recourir à des financements budgétaires ou à des facilités coûteuses (par exemple maintien de l'âge de la retraite à 62 ans...) plutôt qu'à mettre en œuvre des réformes structurelles qui permettraient de nous ajuster aux évolutions inéluctables. Cette résistance à la réforme a eu des incidences particulièrement fortes en matière de chômage (environ 8 % de la population active en France contre 4 % en Allemagne).

Il en est résulté un double phénomène :
1. *Une désindustrialisation croissante* de notre économie qui a atteint des proportions dramatiques.
2. *Une dette publique considérable* (100 % de notre PIB avant le coronavirus) qui pèse négativement sur notre économie et réduit notre capacité à répondre à des crises conjoncturelles (Allemagne : 60 %).

*

Ces phénomènes sont bien connus. Les organismes internationaux (en particulier l'OCDE) chargés d'étudier ces évolutions et de comparer les réactions des différents pays en matière de politique économique, ont bien décrit la variété des situations individuelles et la gravité de la nôtre en particulier. Un certain nombre de « classements internationaux » sur la capacité des différents pays à attirer des investissements étrangers ou à développer leur propre économie avec le dynamisme nécessaire sont révélateurs et, en général, peu favorables à notre pays, jugé souvent trop bureaucratique et lent à réagir.

Mais il faut aller plus loin que la description particulière de chacun de ces phénomènes. Il faut tenter de comprendre les évolutions politiques et sociales qui nous ont menés là où nous sommes aujourd'hui. Un regard objectif apparaît ici indispensable. C'est en comprenant qu'on pourra éventuellement corriger et redresser.

On peut se poser les questions suivantes :

1. Dans quelle mesure, à quel moment et pourquoi la situation économique française s'est-elle dégradée davantage que dans les pays comparables ? Même si Mai 68 apparaît comme un avertissement prémonitoire, le commencement de ces glissements se situe, en fait, au cours des années 1970, et coïncide avec les chocs pétroliers.

2. Les « préjugés », qui faussent souvent les choix de politique économique, sont-ils – et dans quelle mesure – une spécificité française ? La réponse n'est pas évidente. Mais ce qui est sûr, c'est que le choix de la facilité budgétaire a été constamment nourri par une sous-estimation systématique des risques attachés à cette politique et par un attachement mal compris à l'œuvre de Keynes.

3. Quand, comment, et par quel processus nos « fondamentaux » économiques se sont-ils détériorés ?

Il apparaît que la première crise pétrolière de 1973-1974 n'a sans doute pas été gérée idéalement. Les autorités ont voulu atténuer l'effet « diminution du pouvoir d'achat » résultant de la hausse du brut en réduisant les taxes pétrolières, ce qui a eu pour effet de détériorer le budget et de retarder les ajustements souhaitables tout en ne réduisant pas drastiquement les incitations à consommer des hydrocarbures. À noter que les ménages ont été systématiquement plus épargnés que les entreprises contre les hausses de prix des carburants.

Avant 1973, la France avait connu une période économique faste : les Trente Glorieuses (1945-1973) avec des taux de croissance record (5 % par an en moyenne en termes réels) et des réussites indéniables :

– la reconstruction du pays, menée dans le cadre de la « planification souple » ;
– une profonde mutation de l'agriculture en voie de rapide mécanisation avec des transferts importants de populations vers l'industrie et les services ;
– l'utilisation d'une main-d'œuvre immigrée dans un contexte de plein-emploi ;
– notre balance commerciale témoignait d'une compétitivité relative malgré une inflation chronique.

Durant cette longue période de croissance économique, la France a souffert, en effet, d'une inflation plus élevée que celle de l'Allemagne, notre principal concurrent, ce qui nous a amenés à des dévaluations répétées.

Il conviendrait, à cet égard, d'étudier l'attitude des syndicats, et notamment de la CGT, dans les négociations salariales et les mouvements de grève (pourquoi cette « spécificité » française ?), et quelle a été l'influence de la conjonction d'une faible syndicalisation dans le secteur privé, jointe à une attitude revendicatrice et moins axée sur la priorité à donner à la santé de l'entreprise. Ces deux traits ne se retrouvent pas en Allemagne.

De fait, en termes de nombre annuel de jours de grève pour 1 000 salariés par an[3], la France se situe au 1er rang avec 118 jours, suivie notamment par la Belgique (88 jours), l'Espagne (57 jours), le Royaume-Uni (21 jours) et l'Allemagne (16 jours).

3. Voir Tristan Gaudiaut, « Dans quel pays fait-on le plus la grève ? », *Statistica*, 9 janvier 2020.

Les raisons monétaires peuvent aussi avoir joué. Au lendemain de la guerre, le Général de Gaulle avait arbitré contre Mendès France et en faveur de Pleven sur la question : « Faut-il ponctionner, ou non, les excédents de liquidités accumulées pendant la guerre ? » Mendès France souhaitait faire une telle opération à l'instar de ce qu'avait fait le ministre belge Gutt avec succès[4]. L'option choisie en faveur de la facilité monétaire devait être chèrement payée par l'inflation des années suivantes.

*

Depuis la fin des années 1970, et surtout depuis 1981, on a choisi le plus souvent « la voie de la facilité ». Quelques étapes dans ce processus politique peuvent être rappelées :

1. Pourquoi Raymond Barre n'a-t-il pas réussi à rétablir à partir de 1976 « les grands équilibres » qui lui étaient si chers ?

2. Le « tournant » de François Mitterrand en 1981 a eu des conséquences importantes – et négatives – sur notre compétitivité (hausse des salaires plus élevée que les gains

4. Pendant la guerre et l'occupation, les restrictions limitaient la consommation des ménages alors que l'offre de monnaie avait continué à croître. Le risque était grand, après la guerre et l'abandon des restrictions, de voir les prix monter dangereusement. Le gouvernement belge a donc décidé de « ponctionner » la liquidité en retirant les billets à forte dénomination et en contingentant la liquidité des ménages. La monnaie en circulation fut réduite d'environ les deux tiers. Les excédents de dépôts étaient bloqués et furent libérés graduellement lorsque les approvisionnements et la situation économique se normalisèrent. La mesure fut accompagnée d'une dévaluation et d'une réforme fiscale destinée à taxer les gains en capital réalisés pendant la guerre. Ce fut une réussite.

de productivité, âge de départ en retraite ramené de 65 à 60 ans, augmentation des congés, bilan des nationalisations, tout cela au prix de dévaluations successives…). La « correction Delors » de 1983 a notamment été marquée par la suppression de l'indexation des salaires sur l'inflation passée (qui avait été une cause majeure de notre inflation chronique et dont nous n'avions jamais réussi à nous débarrasser jusque-là).

Les années Bérégovoy (1987-1993) ont été faites d'une combinaison :

- de libéralisme économique (suppression des contrôles de changes, liberté des prix, déréglementation bancaire en consonance avec le libéralisme mondial de l'époque) ;
- de rigueur budgétaire relative (comparaison favorable avec l'Allemagne engagée dans le financement de sa réunification par de massifs transferts publics) ;
- d'inflation maîtrisée ;
- d'attachement à la stabilité du franc et à l'intangibilité de son rapport avec le mark. Contrairement à la Grande-Bretagne, la France est parvenue à traverser presque indemne et sans dévaluation les années de forte spéculation monétaire (1992-1993).

3. *Quelles ont été les incidences de l'arrivée de l'euro* (1999-2000) sur notre politique économique (années Chirac et Jospin) ?

- on a essayé, aidés par la forte conjoncture de l'époque, de se rapprocher des « critères de Maastricht » sur le plan budgétaire (plafond du déficit à 3 % du PIB, limite maximum de 60 % du PIB en matière d'endettement public) ;

- mais on a divergé sur les coûts salariaux qui ont progressé beaucoup plus vite en France qu'en Allemagne ce qui préfigurait les problèmes à venir... Comment expliquer cette tendance des coûts salariaux ?
- on a innové, à contre-courant, en 2000, avec les 35 heures...

À partir de 2003, la France s'écarte des exigences du Pacte de stabilité. Il en est de même de l'Allemagne. Ces deux pays s'exonèrent des sanctions de Bruxelles, donnant ainsi un « mauvais exemple » aux pays du sud de l'Europe (cela porte en germe la « crise de l'Euro » de 2009-2014). Mais, depuis, le gouvernement du chancelier Schröder a mis en œuvre des réformes économiques (en particulier sur la flexibilité du marché du travail et la discipline budgétaire) et jeté les bases de l'excellente performance économique et budgétaire de l'Allemagne des années 2000, performance dont la chancelière Merkel tirera profit.

La France n'a pas suivi l'exemple de Schröder. Et le déséquilibre de nos performances économiques par rapport à celles de notre voisin n'a cessé de se creuser. Pourquoi la primauté de l'intérêt de l'entreprise et de sa survie n'a-t-elle pas fait l'objet d'un consensus syndical et politique bipartisan en France, comme c'est le cas en Allemagne ?

Pourquoi la « gauche » française (et notamment le PS) a-t-elle éprouvé tant de difficultés à quitter la doctrine du marxisme radical et à rejoindre la voie du « libéralisme social » ? (Pourtant, François Hollande a fini par alléger les charges sur les entreprises avec le CICE

– 2013 –, mesure dont les effets positifs commencent à se faire sentir.)

En définitive, il faut poser la question qui sous-tend tout ce récit : « Pourquoi la France a-t-elle choisi, en général, – et quel que soit le parti au pouvoir – de « renvoyer à plus tard » la solution des problèmes structurels en les finançant par des facilités budgétaires, plutôt que d'affronter les défis en s'ajustant aux réalités ? » Si les déficits pouvaient se creuser « sans douleur », on aurait pu le comprendre. Mais l'endettement excessif finit toujours par rattraper les gouvernements dispendieux... et l'existence d'une monnaie unique empêche de « corriger le tir » par la dévaluation.

4. Un mot ici sur le rôle de la haute fonction publique. Les « grands commis » d'autrefois restaient longtemps en poste : ils jouissaient, face aux hommes politiques, d'une forte autorité morale et d'une réelle indépendance d'esprit : des hommes comme Gruson, Malinvaud (Prévision), Devaux, Martinet, La Genière (Budget), Rueff, Goetze, Bloch-Lainé (Trésor), Lauré (Impôts) étaient de fortes personnalités respectées pour leur compétence, leur expérience, leur dévouement à la chose publique, leur intégrité morale et leur *sens de l'État.* À partir des années 1970-1980, ils ont été remplacés le plus souvent par des fonctionnaires passés par les cabinets ministériels : leur rotation est désormais rapide, l'attrait du privé de plus en plus puissant, et leur capacité à résister aux tentations des ministres plus faible que celle de leurs prédécesseurs.

5. Quant aux médias, ils sont, sauf exceptions, assez mal informés des questions économiques, et surtout de leurs perspectives d'ensemble. À quelques exceptions près, ils sont souvent tentés de privilégier les « petites phrases », le « microcosme », les scandales, par rapport aux problèmes de fond. À l'opposé, certains grands quotidiens économiques anglo-saxons sont d'une qualité remarquable et nourrissent le débat public.

6. *Le rôle des dirigeants.* Évidemment, on n'échappe pas à la référence à De Gaulle dont la capacité à imprimer des orientations stratégiques à ses Premiers ministres était remarquable, de même que le soin qu'il mettait à « suivre » les actions entreprises et à les assumer devant une opinion souvent hostile (voir sa réforme économique et monétaire de 1958, le plan Rueff-Pinay, qui fut un chef-d'œuvre tant au niveau de la conception que de la mise en œuvre, mais qui fut loin de faire l'unanimité dans le pays. Voir aussi le plan anti-inflation des années 1960...). Le caractère historiquement exceptionnel de De Gaulle permet de mieux mesurer les aptitudes éventuelles au « leadership » de ses successeurs...

*

En définitive, le « dynamisme » propre au succès du capitalisme ferait-il défaut à notre pays ? On pourrait se poser cette question en lisant « en négatif » l'ouvrage de l'auteur américain Edmund Phelps, prix Nobel d'économie, pour son livre *La Prospérité de masse*[5] qui donne une description saisissante des ressorts essentiels du libéralisme économique (esprit d'innovation, souplesse de la réglementation, aptitude au changement, dynamisme individuel...).

5. Edmund Phelps, *La Prospérité de masse*, Odile Jacob, 2017.

Quant au rôle de la dernière crise financière (2007-2008) et des conséquences de la mondialisation, on peut observer que notre pays, déjà fragilisé, a été plus que proportionnellement frappé par l'importance des délocalisations et des pertes d'emploi dues à l'ouverture, trop brutale, de notre économie au commerce international. Cette ouverture a amplifié la croissance des inégalités sociales directement liées à la mondialisation. Si ces phénomènes récents ne peuvent expliquer les causes profondes du « décalage français » (ils en sont plutôt une conséquence), ils peuvent aider à comprendre certaines réactions, de plus en plus fréquentes, de « colère » et de populisme d'une partie de la population en voie de marginalisation, mais dont l'influence s'étend avec le développement des réseaux sociaux.

*

Enfin, essayons d'apprécier les réformes engagées par la France, car elles ont été nombreuses bien qu'elles soient loin d'avoir toujours abouti.

1. *En matière de retraites*, des réformes non négligeables – encore que partielles – ont été engagées à de nombreuses reprises, après la lourde, et incompréhensible, décision de M. François Mitterrand en 1982 de faire passer l'âge de la retraite de 65 à 60 ans. Ainsi, M. Édouard Balladur parvint, en 1993, à faire passer de 150 à 160 trimestres la durée de cotisation nécessaire pour bénéficier de la retraite à taux plein dans le secteur privé (soit l'équivalent d'un allongement – volontaire – de l'âge moyen de départ de 0,4 an).

En 1995, M. Alain Juppé voulut aligner le secteur public sur la réforme Balladur (par allongement du nombre des années de cotisation de 37,5 à 40) et augmenter les cotisations dues par les retraités et les chômeurs. Devant la contestation sociale, les mouvements de grève et les manifestations (deux millions de personnes mobilisées le 12 décembre 1995), le gouvernement fut amené à retirer son projet dès le lendemain 13 décembre. Pourtant, les médias s'étaient montrés favorables à la réforme à hauteur de 60 %.
La réforme Fillon de 2003 allongea de 0,6 an la durée de cotisation nécessaire pour bénéficier du taux plein.
2. On peut citer, parmi les réformes avortées, le Contrat de première embauche (M. Dominique de Villepin, janvier 2006) qui consistait à fournir aux jeunes des contrats de travail à la fois plus stables – à durée indéterminée – et plus flexibles. Devant l'opposition suscitée par ce projet, notamment de la part des étudiants et des jeunes en général, le gouvernement retira son texte le 10 avril 2006.
3. Il convient d'évoquer aussi la taxe carbone. La mise en place du dispositif date de 2014 (7 euros par tonne de CO_2, porté à 14,5 en 2015, à 22 en 2016 à 30,5 en 2017 et 44,6 en 2019) avec un objectif de 100 euros en 2030, seuil considéré comme vraiment incitatif pour abandonner les formes de combustion les plus polluantes (charbon). On sait que le mouvement des Gilets jaunes a contraint le gouvernement à annuler la hausse prévue en 2019 (à 55 euros) et à geler la taxe à 44,60 euros.
4. Quant aux réformes d'Emmanuel Macron – en dehors de celle des retraites qui est évoquée dans cet essai au Chapitre III – elles concernent notamment :

– la fiscalité : avec l'abandon de l'impôt sur la fortune (ISF) mobilière et l'institution de la *flat tax* (prélèvement forfaitaire unique de 30 %) sur les revenus du capital. Ces deux réformes ont aboli une anomalie de notre fiscalité qui pénalisait l'investissement en capital dont notre pays a tant besoin. Par ailleurs, la baisse programmée de l'impôt sur les sociétés (de 28 à 25 % de 2019 à 2022) est à noter. En revanche, la suppression de la taxe d'habitation sur les résidences principales apparaît contestable. Pour un objectif particulier (relever le pouvoir d'achat des redevables mais sans faire intervenir la situation sociale des intéressés), elle brise un lien, pourtant essentiel, entre les habitants et leur participation à la responsabilité collective. Cet inconvénient est d'autant plus important que le nombre des assujetis à l'impôt sur le revenu n'a cessé de diminuer[6]. Elle aboutit aussi à réduire l'autonomie financière des collectivités locales en leur retirant une ressource propre et en faisant en sorte que l'État « compense » cette perte de recettes[7] ;
– la réglementation du marché du travail a été assouplie : les accords en matière salariale peuvent désormais (voir Chapitre VI) être décentralisés au niveau de l'entreprise et déroger aux accords de branche. Des plafonds sont institués sur les indemnités de

6. Moins de la moitié des ménages français paient aujourd'hui l'IRPP.
7. Sur les 61 milliards d'euros de ressources autonomes des collectivités locales, la taxe d'habitation représentait 16 milliards. La « compensation » assurée par l'État va encore faire augmenter la part de leurs ressources ne relevant pas de l'autonomie fiscale, ce qui n'incitera guère à responsabiliser les échelons locaux.

licenciements accordées par les prud'hommes. La responsabilité de l'apprentissage – autrefois du ressort de la région – devrait se rapprocher des branches professionnelles. Ces réformes vont dans la bonne direction.

5. *La décentralisation.* Pour ce qui est des réformes en matière de décentralisation, elles ont été source de problèmes et de déceptions plus que d'efficacité. La décentralisation a pu être, en effet, analysée comme « trente-cinq années de réformes toujours inachevées ». Les nombreuses lois de décentralisation, depuis la loi Defferre en 1982, se sont voulues clarificatrices, efficaces et simplificatrices. Elles n'ont atteint aucun de ces objectifs :

- les différents – et trop nombreux – échelons territoriaux, alourdis d'états-majors pléthoriques, ont été maintenus et même complexifiés ;
- la clarification des compétences et des financements n'a pas été réalisée : les doublons prolifèrent, et la règle de la spécialisation des compétences est demeurée en partie théorique ;
- l'efficacité de ces réformes est en question : les dépenses de fonctionnement se sont exagérément accrues à la faveur des dotations de l'État, quand celles-ci étaient généreuses, et puis, au cours des années moins fastes, l'endettement des collectivités locales a pris le relais…

La profusion d'acteurs subsiste quasiment intacte et les nouvelles institutions (intercommunalité, métropoles, communautés de communes…) ajoutent à la complexité.

La dévolution de compétences par l'État aux collectivités locales ne s'est pas traduite par des économies correspondantes au niveau de l'État.

Aucun de nos voisins européens ne pourrait se targuer d'une telle série d'échecs.

Une décentralisation, pour être efficace, devrait reposer sur trois principes simples :

– une structure d'échelons territoriaux qui réponde aux besoins modernes de notre société et qui ne soit pas inutilement dispendieuse (37 000 communes, empilement d'échelons régionaux et départementaux) ;
– des compétences strictement définies (et non susceptibles d'être assumées par une autre entité en vertu du principe – qui s'est révélé une source d'abus – de la « compétence générale ») ;
– des financements assurés pour permettre aux collectivités d'assumer leurs responsabilités de façon autonome mais sous le strict contrôle budgétaire général (à cet égard, le lecteur pourra se reporter au Chapitre IV sur les finances publiques où est analysé l'admirable, et pourtant peu connu, dispositif budgétaire fédéral en Allemagne).

Conclusion

L'objet de ce livre est de mieux comprendre et faire comprendre les décisions (ou les non-décisions) économiques ainsi que les processus politiques qui rendent compte de l'étrange paradoxe d'une France hautement civilisée et douée de tant d'atouts économiques et humains, mais que les gouvernements n'ont, en général, pas réussi, depuis quarante ans, à préparer aux défis de la concurrence mondiale.

*

Cet essai ne se veut pas purement descriptif et académique. Il contient toute une série de recommandations pratiques, réfléchies et ayant subi l'épreuve de l'expérimentation internationale.

Le moment est crucial. Après la crise du coronavirus qui a mis à l'arrêt une partie importante de notre économie, il faut repartir.

Deux avenues s'offrent à nous. En premier lieu, celle de la fuite en avant et celle du déni. Après avoir laissé exploser nos déjà problématiques indicateurs de performance, nous reprendrions « comme avant », c'est-à-dire sans changer nos habitudes de facilité budgétaire et d'arbitrage systématique en faveur de plus de consommation et de moins de production.

Certes, on a beaucoup dépensé pour lutter contre les conséquences de la pandémie. Des centaines de milliards de dollars ou d'euros ont permis de faire face. Mais le rebond a été inégal :

– rapide sur les marchés ;
– lent pour l'économie.

Or la création monétaire et les taux zéro fragilisent le système financier.

On peut, sans doute, continuer encore quelque temps dans la voie de la financiarisation illimitée. Mais il faut aussi se préoccuper de l'avenir.

Or de quoi s'agit-il ?

La croyance s'implante selon laquelle les bilans gigantesques des banques centrales ne pourront que s'enfler davantage dans l'avenir sans perspective de normalisation. Ce qui veut dire que le moindre signe d'un retour à la « normale monétaire » (avec des taux plus élevés) risquerait d'entraîner une catastrophe sur des marchés financiers extraordinairement soufflés.

C'est là une dangereuse perspective.

Peut-on faire croire que la création monétaire pourra exempter indéfiniment nos sociétés d'avoir à faire face à la question : « Qui va payer ? » Le hasard moral peut-il être institutionnalisé et pérennisé comme beaucoup d'acteurs imprudents le souhaitent ? Garantir à tout acteur de marché qu'il ne fera jamais de perte et que le résultat de ses placements, fussent-ils imprudents, lui sera toujours favorable serait une solution dangereuse et moralement inacceptable pour régler les problèmes.

Les inconvénients d'une telle « fuite en avant » sont considérables :

• La politique monétaire actuelle encourage l'endettement. Or la dette globale est sur une trajectoire périlleuse. Elle atteint au premier trimestre 2020 le chiffre record en temps de paix de 258 trillions de dollars (soit 331 % du PIB mondial).

• On nous dit que ces montants n'ont guère d'importance puisque les taux d'intérêt sont à zéro. Il est vrai que le coût de la dette devient alors soutenable (ainsi, toute la nouvelle dette émise par la France en 2021 le sera à taux négatif).

• Mais il faut bien voir que cet « enfermement » dans la dette nous enferme aussi dans une trajectoire de croissance nulle. Il est dangereux de vivre dans un univers où la moindre hausse des taux de marchés risque de faire s'écrouler l'énorme édifice de crédit auquel nous finissions par nous habituer.

• Et puis, n'oublions pas que les incidences sociales de cette accumulation de dettes s'aggravent :

– le chômage ne pourra que s'accroître avec l'extinction des facilités de temps partiel qui ne sont pas illimitées dans le temps : la reprise de la croissance économique sera donc cruciale. Mais le laxisme monétaire et les taux zéro ne sont guère compatibles avec une reprise de l'investissement ;
– alors que les « riches » sortent gagnants d'une politique monétaire qui pousse à la hausse les cours des valeurs financières (ce sont les 10 % les mieux

lotis qui détiennent 84 % des actifs des marchés financiers aux États-Unis).

Comprenons-nous bien.

Il ne s'agit pas ici de récuser toute aggravation budgétaire due à la lutte contre les effets sociaux de la pandémie. Ce serait absurde. Les glissements sont inévitables et le chômage partiel est une nécessité tant que la pandémie ne sera pas vaincue et que les pouvoirs publics imposeront le confinement et les fermetures d'activités.

Mais ce qu'il faut absolument éviter c'est de « s'installer » dans la facilité et la fuite en avant et de ne pas imaginer d'autre issue.

Ce serait utiliser le chaos provoqué par la pandémie pour cacher, ou justifier, la perpétuation des erreurs passées.

Si on laisse la facilité financière « s'occuper de tout » et sans compter, on court le risque :

- de préparer une sévère crise financière dans les deux ou trois ans qui viennent ;
- d'aggraver les injustices sociales ;
- de paralyser la croissance future.

Sur le plan politique, il est à craindre qu'une telle voie ne puisse conduire qu'à l'épanouissement du populisme. Imaginons un scénario possible : face à la stagnation salariale des vingt dernières années[1], la « sortie politique » pourrait être de relever sensiblement les salaires et leur pouvoir d'achat.

Mais cette voie, si elle peut soutenir la demande à court terme, finirait par mener à l'inflation. Le pouvoir

1. Voir Patrick Artus, *40 ans d'austérité salariale*, Odile Jacob, 2020.

d'achat créé par la hausse des salaires s'évaporerait alors au fur et à mesure des hausses de prix. Et, compte tenu de l'imbrication de nos économies et de l'impossibilité pour un État de procéder seul – pour des raisons de compétitivité – à une forte hausse des salaires, les changes devraient être rendus flexibles, ce qui poserait un problème existentiel à l'euro (à moins d'une hypothétique – et improbable – décision de portée mondiale).

Ce scénario est à prendre au sérieux.

Il est temps de tirer les conséquences de la politique japonaise dont les traits essentiels sont :

– l'usage illimité de la création monétaire et de l'achat de titres financiers par la Banque du Japon ;
– l'absence de réformes de structure ;
– la faiblesse de la productivité et de la croissance et une dangereuse fragilisation du système financier (bulles financières).

Certains anciens dirigeants japonais sonnent l'alarme et avertissent les autres banques centrales : « Ne faites pas comme nous. Normalisez votre politique dès maintenant, pendant qu'il en est encore temps[2]. »

Il faut bien comprendre le caractère artificiel et non durable d'un modèle économique et financier fondé sur la croissance continue de l'endettement.

Vivre à crédit, c'est anticiper une demande future. Plutôt que d'accumuler de l'épargne pour consommer plus tard, les agents économiques sont incités à s'endetter pour dépenser aujourd'hui.

Lorsque cet endettement est utilisé pour financer des investissements, l'économie reste, en principe, saine : les

2. Voir Takeshi Fujimori dans *International Economy*, printemps 2020.

revenus tirés de l'investissement serviront à rembourser le crédit obtenu. Mais lorsque l'endettement sert à financer la consommation, la situation est tout autre.

Comment assurer, alors, l'amortissement et le service des intérêts ? La réponse actuelle est : « On pourra toujours emprunter davantage. » Mais lorsque le remboursement de la dette dépend du recours à de nouvelles dettes, on sent bien que le système finira par se gripper. On peut sans doute, pendant quelque temps, s'habituer à l'illusion que la contrainte monétaire a disparu. C'est, du reste, la base de notre modèle financier depuis au moins dix ans : la croissance économique repose, en fait, sur l'accumulation du crédit. Mais l'économiste Minsky nous a avertis : « Lorsque la financiarisation va trop loin et que l'économie est "surendettée" (*over leveraged*), la probabilité d'une crise financière s'accroît. »

*

En définitive, nous sommes devant un dilemme peu ordinaire.

- Ou croire que l'endettement et la politique monétaire accommodante pourront toujours être la règle du jeu et éviter la prise de mesures structurelles.
- Ou penser que la création monétaire n'est pas l'équivalent de la croissance économique et que le goût du risque et le travail ont toujours été et seront toujours la condition et le prix du progrès et du bien-être. La monnaie créée par les banques centrales ne conduit pas à l'accumulation du capital qui est indispensable à l'avenir de nos sociétés. Les taux d'intérêt à zéro favorisent

les bulles spéculatives et la détention de liquidités, alors qu'ils découvraient l'investissement productif.

Au total, cette voie de la fuite en avant conduirait à une chute accélérée et à un déclin inéluctable de notre pays. La prétendue modernité de la « Nouvelle théorie monétaire » ne doit pas faire illusion. Comme le disait Nietzsche : « La modernité est dangereuse quand elle cesse de s'interroger sur elle-même. »

L'autre route est celle de la réforme pragmatique et sans faux-semblants. Elle suppose courage et lucidité pour traiter nos insuffisances et nos retards structurels.

Rien de ce qui est proposé dans cet essai n'est inatteignable : d'autres pays l'ont entrepris et réussi. À nous de relever les défis.

Pour y parvenir, il faut être capable de convaincre et de galvaniser. Il faut avoir la vision et la volonté de dépasser l'horizon électoral, de ne pas dépendre toujours de mythes et de préjugés illusoires comme la création monétaire illimitée, la facilité budgétaire permanente et la « relance pour la relance ». À cet égard, les exemples passés de relance par la redistribution ont, le plus souvent, été malheureux, coûteux, lourds en importations et de peu d'efficacité. Il sera crucial, cette fois, de ne pas retomber dans ces erreurs mais de privilégier l'investissement notamment dans la recherche, l'éducation, la santé, la transition écologique... plutôt que de saupoudrer de l'argent en allocations et en créations de postes administratifs. Dépenser n'est pas synonyme de relancer[3].

---

3. Les 100 milliards du plan de relance annoncé en septembre 2020 comportent 11 milliards d'investissements d'avenir, et 20 milliards de baisses d'impôts sur

Bref, il faut avoir envie de « faire briller » la France et de ne pas se contenter de l'accompagner dans sa descente aux dernières places des classements internationaux en alignant, comme nous l'avons trop souvent fait, les erreurs de politique économique les unes après les autres.

Il faut aussi préserver et renforcer le contrat social de la nation et concevoir un modèle économique et social qui donne confiance aux plus démunis et ne pas laisser les jeunes au bord du chemin, comme ce fut trop souvent le cas au cours des quarante dernières années.

Jacques de Larosière

---

la production. En revanche, les dépenses orientées sur la demande et le financement massif de la sécurité sociale (création de postes au lieu de réformes de productivité) et du chômage partiel sont prédominantes.

Table

DU MÊME AUTEUR
CHEZ ODILE JACOB

Les 10 préjugés qui nous mènent au désastre économique et financier, 2018.

Les lames de fond se rapprochent, 2017.

50 ans de crises financières, 2016.

Cet ouvrage a été composé
en Adobe Garamond Pro
par Nord Compo à Villeneuve-d'Ascq (Nord).

Achevé d'imprimer en janvier 2021 par

iSiPRINT

15 rue Francis de Pressensé
93210 La Plaine Saint-Denis

N° d'édition : 7381-5258-1 - N° d'impression : 156573
Dépôt légal : janvier 2021
Imprimé en France

PEFC 10-31-2581 / Certifié PEFC / pefc-france.org

IMPRIM'VERT